ゴールデンパス

絶体絶命の中に開かれる奇跡の道

The Golden Path

高橋佳子

「どうしてこんなことが実現できたのか、今でも信じられない」

「このやり方、この順序でなければ、絶対にうまくいかなかった」

まるで未来から逆算してすべての難所《なんしょ》をクリアし、

パズルのすべてのピースが見事にはまってしまうような道、

ゴールデンパス(The Golden Path)——。

それは、起死回生《きしかいせい》の道であると同時に、すべてを輝《かがや》かせる道。

単なる成功物語ではなく、勝つことによって負ける人を生まない道。
勝ちの中にしかない道ではなく、負けの中にもある道。
始まる前は、そんな道があるとは考えられなかったのに、
後から振り返ると、それ以外の道は考えられない道——。
ゴールデンパスとは、まさに奇跡《きせき》の黄金《おうごん》の行路《こうろ》なのである。

ゴールデンパス

絶体絶命の中に開かれる奇跡の道

The Golden Path

高橋佳子

目次

第3章 目的地――青写真にアクセスする 133

第4章 運ぶ力――内外合一のサイクルを回す

（本文写真のキャプション／文責・編集部）

プロローグ——ゴールデンパスが求められている

コロナがつくり出す分岐点《ぶんきてん》

東京オリンピック・パラリンピック開催《かいさい》を控《ひか》えた2019年末から2020年初頭《しょとう》、わが国は、インバウンド需要《じゅよう》の高まりもあり、その後の日本の活性化《かっせいか》を期待する声に満《み》ちていました。

一方で私は、それとは異《こと》なる未来について感じるところがあり、企業《きぎょう》の経営者の方や政治家の方など、各界のオピニオンリーダーの方々にお会いするたびに、その予感を繰《く》り返しお伝えさせていただきました。

——2020年はオリンピックの年と言われていますが、10年後、20年後から見たら、オリンピックの年としてではなく、経済、政治、その他様々な分野に大きな変化が起こった年として記憶《きおく》されるでしょう。世界が光と闇《やみ》に分かれてゆく分水嶺《ぶんすいれい》の年だったと言われるようになります——。

果《は》たして、まさにそのような分岐点、分水嶺の年になったのが、2020年ではないでしょうか。

世界を席巻《せっけん》した新型コロナウイルス感染症《かんせんしょう》（COVID《コヴィッド》−19《ナインティーン》）は、その特異《とくい》な性質によって、人類に対する未曾有《みぞう》の脅威《きょうい》となりました。

２０２０年12月31日時点で、全世界の感染者数は約８２７０万人、死者数は約１８０万人に及《およ》んでいます。多くの国で法的な強制力《きょうせいりょく》のあるロックダウンが実施《じっし》され、経済活動を含《ふく》めマヒ状態に陥《おちい》りました。コロナ問題は、社会のあり方をまったく変えてしまったと言っても過言《かごん》ではありません。

コロナと聞けば、国や地域が違《ちが》おうと、言語や人種が違おうと、世界のどこにいても同時に、同じ問題意識を誰《だれ》もが持つ——。そんなことは歴史上かつてなかったことです。

わが国でも、４月の緊急事態宣言下《きんきゅうじたいせんげんか》では、学校、会社、イベント、飲食店など、人が集まる場所がことごとく大きな制限《せいげん》を受け、すっかり様変《さまが》わりしてしまいました。普段《ふだん》は人で賑《にぎ》わう界隈《かいわい》のあまりの閑散《かんさん》とした姿《すがた》に、思わず「これが同じ街だろうか……」とつぶやく。そんな経験をした読者も少なくはないのではないでしょうか。

その後、宣言が解除《かいじょ》されてからも、感染者数が変化するたびに、人々の気持ちが乱高《らんこう》下《げ》し、社会が大きく動揺《どうよう》し続けている状況《じょうきょう》は変わっていません。さらに、２０２１年１月初め、首都圏の１都３県を対象に２度目の緊急事態宣言が行われたことによって、一《いっ》層《そう》多くの人々が仕事や働き場所を失い、生活の基盤《きばん》を立て直さなければならない試練に直面することになるはずです。

目処《めど》が立たない状況にあって、「いったいどうしたらいいのか」「希望が見えない」といった想いは、誰にとっても他人事《ひとごと》とは言えないはずです。

「まさかの時代」をどう生きるか

何が起こっても不思議《ふしぎ》ではない世界――。

「まさか、こんなことが起こるはずがない」と思っていたことが現実となっているのが現在だと言えるでしょう。私たちは突然《とつぜん》、「まさかの時代」に投げ込《こ》まれ、それに応《おう》じることを要請《ようせい》されているのです。

世界に目を転じれば、もっとも深刻《しんこく》なコロナ禍《か》に見舞《みま》われている米国では、考えられないような混乱《こんらん》が生じました。コロナ禍のストレスの中で人種問題が再燃《さいねん》。Black Lives Matter（ブラック・ライヴズ・マター）という運動は、米国が抱《かか》えていた分断《ぶんだん》の溝《みぞ》を深めているばかりか、各地に潜在《せんざい》する極左勢力《きょくさせいりょく》が暴動《ぼうどう》を扇動《せんどう》して一層《いっそう》の混乱状態をつくり出したのだという指摘《してき》もあります。

また、2020年6月に中国が制定《せいてい》した「香港《ほんこん》国家安全維持法《いじほう》」は、わが国や欧米諸《おうべいしょ》国《こく》から非難《ひなん》の的《まと》となり、中国に対する警戒《けいかい》を一層鮮明《せんめい》にさせることになりました。

中国は、国内ではチベット自治区《じちく》、新疆《しんきょう》ウイグル自治区に対する恐《おそ》ろしいジェノサイド政策《せいさく》を押《お》し進め、さらにそれを内モンゴル自治区にまで広げようとしています。国外では尖閣諸島《せんかくしょとう》、南沙《なんさ》諸島などへの傍若無人《ぼうじゃくぶじん》な海洋進出、一帯一路《いったいいちろ》では高利貸《こうりが》し的手法で各国の港湾《こうわん》を奪《うば》い取って自国の拠点《きょてん》とするなど、強引《ごういん》に世界の勢力《せいりょく》地図を書き換《か》えようとしています。

ヨーロッパ、南米、アフリカも例外ではなく、多くの問題があらわになっています。あたかも、コロナが至《いた》るところで、世界がもともと抱《かか》えていた問題をあぶり出し、混乱を増幅《ぞうふく》しているかのようです。

そのような「まさかの時代」の中で、私たちはどう生きることを呼びかけられているのでしょうか。

今、多くの人が様々な試練に直面しています。あまりの環境の変化に、なす術《すべ》もなく絶望《ぜつぼう》的な状況《じょうきょう》に追い込まれている方も少なくないと思います。1人では背負《せお》いきれない圧迫《あっぱく》に必死に堪《た》えながら、ふと未来を想うと、かすかな希望も見出《みいだ》せない――。

そんな状況に、「人生を投げ出してしまおうか……」という想いが脳裏《のうり》をかすめる人もいるかもしれません。けれども、どれほど絶望《ぜつぼう》しても、決して早まることなく立ち止まっていただきたいのです。

なぜなら、できることはまだあるからです。私たちを導《みちび》いてくれる道があります。それをすべてやり尽《つ》くしてみることに、今は、心を向けていただきたい――。そう思わずにはいられません。

今、求められているのはゴールデンパス

かつてないほど世界は混沌《こんとん》と化し、常識《じょうしき》や通念《つうねん》では太刀打《たちう》ちできず、あらゆる定石《じょうせき》が通用しなくなっている――。そんなときだからこそ、私は、本書のタイトルでもある「ゴールデンパス」(The Golden Path) が必要だと思っています。

ゴールデンパスとは、黄金の行路《こうろ》、輝《かがや》ける道すじ――。

あるべきものがあるべきところに収《おさ》まり、すべてを輝かせる道のことです。

「どうして実現できたのか、今でも信じられない」

「このやり方、この順序《じゅんじょ》でなければ、絶対《ぜったい》にうまくいかなかった」

まるで未来から逆算《ぎゃくさん》してすべての難所《なんしょ》をクリアしてしまうように、パズルのすべてのピースが見事《みごと》にはまってしまうような道が現れるときがあります。

そんな現実を経験したことのある人は、その道すじを「ゴールデンパス」と呼ぶことに強く同意されるでしょう。

ゴールデンパスは、起死回生《きしかいせい》の道であると同時に、すべてを輝かせる道です。

ゴールデンパスは、単なる成功物語の道ではありません。

ゴールデンパスは、勝つことによって負ける人を生まない道です。

ゴールデンパスは、勝ちの中にしかない道ではなく、負けの中にもある道です。

ゴールデンパスは、始まる前は、そんな道があるとは考えられなかったのに、それが見出《みいだ》された後から振り返ると、それ以外の道は考えられない道です。

つまり、ゴールデンパスとは、まさに奇跡《きせき》のような道なのです。

それは、決して架空《かくう》の存在ではありません。どんな状況《じょうきょう》にあっても、私たちには、そのようなひとすじの道があることは紛《まぎ》れもない事実なのです。

そして、ゴールデンパスを求め、見出し、歩むことは、私たちの人生の醍醐味《だいごみ》であり、真骨頂《しんこっちょう》であると言っても過言《かごん》ではありません。

なぜなら、その経験ほど、私たち1人ひとりが世界と確かにつながり、意味ある存在としてそこに生きていることを感じさせてくれる経験はないからです。

それればかりか、私たちが人生を通じて果《は》たさなければならない使命を抱《いだ》いていることさえ、教えてくれる経験なのです。

1人ひとりがゴールデンパスを生きるために

ゴールデンパスを感受《かんじゅ》し、発見する力は、元来《がんらい》、すべての人に宿《やど》っています。

かつて人間は、夜空の星の動向《どうこう》に時代の変化を見出《みいだ》し、雲の流れや風の気配《けはい》に天変地異《てんぺんちい》や収穫《しゅうかく》の時を知り、岩山や森林の沈黙《ちんもく》の声に耳を傾《かたむ》けて、宇宙の叡智《えいち》と交流しました。

古今東西《ここんとうざい》の宗教家や芸術家が、自然との交感を通じて、その教えを確立《かくりつ》し、新たな作品を生み出してきました。無数の科学者が、世界そのものとの対話を通じて、新たな法則《ほうそく》を見出し、そこから生まれた様々な技術が人間社会の発展に貢献《こうけん》してきました。

多くの智慧者《ちえしゃ》が、世界と共振《きょうしん》することによって、そこに内在《ないざい》された叡智を引き出し、人々の苦境《くきょう》に道を開き、新たな現実を創造してきたことは否定《ひてい》しようのない事実でしょう。

大自然と共振し、宇宙の叡智にアクセスしているのは、市井《しせい》の人々も変わりがありません。ものごとが行き詰《づ》まったとき、心が乱《みだ》れて仕方がないとき、外に出て外気を呼吸《こきゅう》し、空を見上げたり、海辺《うみべ》に打ち寄《よ》せる波を見たり、小高《こだか》い丘に登って風を感じたり、自然や世界そのものに触《ふ》れることで心を解放《かいほう》し、そこから新たな生き方を見出す――。

そんな体験をした方は、決して少なくないのではないでしょうか。

人生の法則、宇宙・自然の摂理《せつり》に共鳴するとき、私たちの内に特別な道を感知《かんち》する力が目覚《めざ》めます。そして、そのような生き方を連《つら》ねることによって、あるとき、私たちに、世界そのものから、大いなる存在から、1つの道が贈《おく》り物のようにもたらされるのです。

それこそがゴールデンパス――。その道を求めてゆくのが本書の目的です。

本書の構成――ゴールデンパスを歩むためのステップ

ゴールデンパスを歩んでゆくには、そのために必要なステップがあります。

本書は、そのステップをたどりながら、読者がそれぞれの現実の中でゴールデンパスを切り開いてゆくことを願いとしています。

そのパースペクティブ（展望《てんぼう》）をここで少しお伝えしておきましょう。

以下の要約の中には、読者の皆さんにとって耳慣《な》れない言葉が散《ち》りばめられているかもしれません。これは、ゴールデンパスを歩むために、なくてはならない新しい言葉であり、新しい人間観・世界観への扉《とびら》を開くものです。

それぞれの言葉は、各章で詳《くわ》しく説明してゆきますので、ここでは、全体の構成をイメージしていただければけっこうです。

第1章　ゴールデンパスとは何か

第1章では、まず、ゴールデンパスとはどういうものかを考えてゆきます。様々な事例を取り上げながら、その輪郭《りんかく》を少しずつ明らかにしてゆきます。

ゴールデンパスのパス（path）とは、始点と終点、出発地と目的地がある行路《こうろ》、行程《ていい》を指します。その出発地について考えるのが、次の第2章です。

第2章　出発地――カオスとして事態を受けとめる

ゴールデンパスへの旅の出発地は、私たちの目の前にあるありのままの現実――。そのありのままの現実を、まだ結果や結論の出ていない状態《じょうたい》＝「カオス」として受けとめることから旅は始まります。

ものごとがうまくいかず、断念《だんねん》せざるを得《え》ないような状況《じょうきょう》でも、まだ可能性《かのうせい》と制約《せいやく》の両方の因子《いんし》が含まれている。そう受けとめることが、ゴールデンパスの始点となります。

第3章　目的地――青写真にアクセスする

そして、ゴールデンパスの終点、目的地について見つめるのが第3章です。

私たちの心にどんな目的地＝青写真が描《えが》かれるかによって、千差万別《せんさばんべつ》の現実が結晶化《けっしょうか》することを見てゆきます。ここでは、心に抱《いだ》く目的地＝青写真の力をぜひ獲得《かくとく》していただきたいと思います。

第4章　運ぶ力――内外合一のサイクルを回す

私たちが次に向かうのは、出発地と目的地を結ぶ方法、出発地から目的地へ事態《じたい》を運ぶ力です。

その鍵《かぎ》を握《にぎ》るのは、私たちの心です。心に歪《ゆが》みがあれば、ゴールデンパスを生きることはできません。心が宇宙・自然の摂理《せつり》と合致《がっち》し、世界全体と響《ひび》き合うとき、持てる以上の力に恵《めぐ》まれ、「これしかなかった」と思える最善《さいぜん》の道を開くことができるのです。そのことについて触《ふ》れるのが第4章です。

第5章　ゴールデンパスを歩むために――ウイズダム実践

最終章では、第4章までに明らかになったゴールデンパスに実際にアクセスし、その道を歩んでゆきます。ここでは、心と現実を1つに捉《とら》える「ウイズダム」という方法《メソッド》によって、内なるエネルギーを引き出し、現実を転換《てんかん》することに挑戦《ちょうせん》します。

ぜひ、今あなたの前にある現実（カオス）に向き合い、ゴールデンパスを探《さが》し出す具体的な歩みを進めていただきたいと思います。

さあ、いかがでしょう。

ゴールデンパスを歩んでゆく旅支度《たびじたく》は整いました。

私たちがこれから踏《ふ》み入ってゆくのは、これまでの常識や定石《じょうせき》が通じず、日常が様変《さまが》わりし、世界情勢も大きく変動するアフターコロナの世界――。

でも、それがいかなるものになろうと、本書が提供する生き方をその中心に抱《いだ》いた人は、必ず求めるべき青写真に肉薄《にくはく》できます。多くの人々と協同し、智慧《ちえ》を引き出し合い、ゴールデンパスへの歩みを実現できると確信しています。

本書が、あなたが向かうべき未来を引き寄《よ》せるための一助《いちじょ》となることができれば、これほどうれしいことはありません。

2021年1月

高橋佳子

第1章

ゴールデンパスとは何か

絶対に無理と思っていた事態《じたい》が動き、
乗り越《こ》えることなど不可能と思っていた障害《しょうがい》が
どこかに消え去ってしまう――。
一切《いっさい》を支《ささ》える大いなる存在、
宇宙の源《みなもと》と私たち自身の周波数が共鳴《きょうめい》し合うとき、
そこにゴールデンパスが現れるのだ。

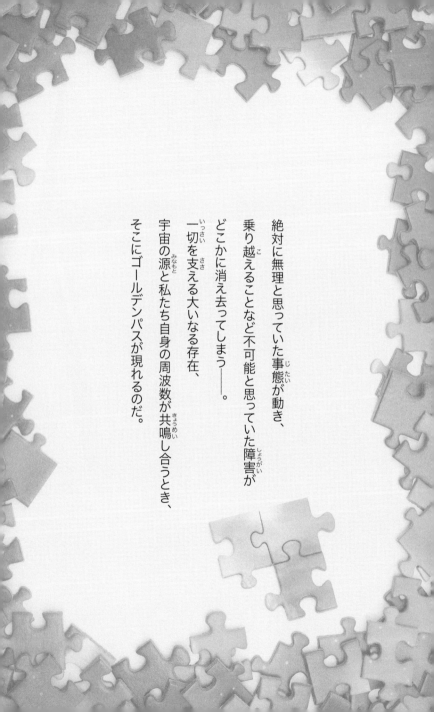

未来の記憶《きおく》

私たちの人生は、選択の連続の中でつくられてゆきます。

右へ行くか、左へ行くか。それによって、未来が大きく変わってしまうと思えば思うほど、その選択は切実なものになります。

そのとき、誰《だれ》もが一度は、「未来を見通すことができたらどんなによいだろう――」と、夢《ゆめ》のような考えを抱《いだ》いたことがあるのではないでしょうか。

でも、私たちは、即座《そくざ》にその考えを否定するでしょう。

「いやいや、そんなことができるわけがない」

しかし、すぐに結論を出すことなく、ここで、こう問いかけてみていただきたいのです。

「もし、過去を記憶し、思い出すことができるように、未来に起こることを、過去の出来事を思い出すかのように、自在《じざい》に知ることができたら？」

それは、いわば、「未来の記憶」――。

私たちは、過去のことを記憶し、思い出すことができます。でも、未来のことはわからない。だから、想像し、想い描《えが》くだけです。

未来の記憶って何？「未来を思い出す」なんて、そもそも意味がわからない。

読者の皆さんの戸惑《とまど》いの声が聞こえてきそうです。

でも、私にとっては、それは人生の中で度々《たびたび》経験してきた「馴染《なじ》みあるもの」です。近い将来の出会いをふと感じたり、避《さ》けるべき道すじを垣間《かいま》見たり、未来に実現すべき青写真のヴィジョンがもたらされたり……。

私自身の人生と「未来の記憶」は、切っても切れないものなのです。

未来の記憶《きおく》の物語

そんな「未来の記憶」を読者に思い描《えが》いていただく手がかりになる映画があります。日本で2017年に公開された映画『メッセージ』（原題：ARRIVAL）——。物語が大詰《おおづ》め内容の詳細《しょうさい》は割愛《かつあい》させていただきますが、未来の記憶に関わるシーンは、物語が大詰めを迎《むか》えた、映画の後半部分です。

物語は、世界の12カ所に、エイリアン（異星人《いせいじん》）の巨大な宇宙船《うちゅうせん》が飛来《ひらい》するところから始まります。

7本足という意味からヘプタポッドと名づけられたエイリアン——。彼らが、どこから、どのような目的を持ってやってきたのかはわかりません。

各国で、ヘプタポッドとの意思疎通《そつう》の試《こころ》みが始まり、そのための努力が重ねられます。映画の主人公ルイーズはアメリカの言語学者で、そのミッションを遂行《すいこう》するために選ばれた1人。彼女は同僚《どうりょう》となった科学者と共にヘプタポッドとの交流を試みます。

しかし、まったく異《こと》なる言語、思考形態《けいたい》を持つ未知の生物とのコミュニケーションは困難《こんなん》をきわめました。映画では、多くの時間がこの交流の試行錯誤《しこうさくご》に割《さ》かれます。

その後、ルイーズたちには新たな展開が訪れますが、交流が噛《か》み合わない各国の苛立《いらだ》ちは募《つの》り、国と国の間で、エイリアンに対する対応の方針《ほうしん》がぶつかり合うことになるのです。

エイリアンとの相互《そうご》理解の道を歩もうとしているアメリカグループ。

何かあればエイリアンとの交戦の道を選ぼうとする中国グループ。

やがてその溝《みぞ》は深まり、ついに中国グループは、先制攻撃《せんせいこうげき》をかけることを決断。他国との通信を遮断《しゃだん》してしまいます。

米中両国の調整の手段《しゅだん》も絶《た》たれ、攻撃開始目前――。もはやそこには、何の打開策《だかいさく》も見当たらず、破滅《はめつ》的な未来が訪れることは決定的でした。

しかし、絶体絶命《ぜったいぜつめい》の状況《じょうきょう》の中で、主人公のルイーズはそれに抗《あらが》い、何とか危機《きき》を回避《かいひ》しようとします。

ルイーズが選んだのは、中国軍の司令官シャン上将《じょうしょう》個人の携帯《けいたい》電話に電話をかけること——。そして、中国語が堪能《たんのう》なルイーズは、司令官に直接話しかけ、何と戦闘《せんとう》を断念《だんねん》させてしまったのです。

？？？

いったい、何が起こったのでしょう。普通《ふつう》に考えれば、できるはずがないことです。ルイーズは、交戦への強固《きょうこ》な意志を持った司令官を、なぜ、説得《せっとく》することに成功したのでしょうか。いや、そもそも、なぜ、見知らぬ他国の要人《ようじん》の携帯電話の番号を知っていたのでしょうか。

物語が進む中で明らかになるのは、ヘプタポッドたちと交流を続けたルイーズが、彼らの言語を学ぶ中でその空間や時間の認識《にんしき》の仕方を身につけ、いわば「未来の記憶」をいつしか持つようになっていったことです。

人間とヘプタポッドの言語には大きな違《ちが》いがあります。彼らの言葉には過去と未来の区別がありません。人間のように過去から未来に向かって時間が流れるわけではなく、彼らは過去・現在・未来を同時に認識しながら生きているのです。

それを身につけたルイーズは、未来に起こることも含《ふく》めてすべての「記憶」を使えるようになっていたということです。

人間の時間感覚では、この事件から数年後――。ルイーズは、停戦《ていせん》パーティーで、この中国軍の司令官シャン上将と現実に出会うことになります。そこで、シャン上将本人から携帯電話の番号を教えられます。

さらに、そこで重要なことが伝えられるのです。

実は、シャン上将は、そのパーティーの数年前に、夫人に先立《さきだ》たれていました。その場で、ルイーズは、上将から直接、夫人の最後の言葉を聞くことになります。

まさにそれが、事態《じたい》を転回させる「未来の記憶」となったのです。

戦闘《せんとう》開始直前、上将の携帯に電話をした日、ルイーズは、その「未来の記憶」によって、夫人の最後の言葉を上将に伝えました。つまり、数年後の出会いで明らかにされるシャン上将の電話番号、夫人の最後の言葉を過去のルイーズは知って使うことができたということです。

シャン上将は、そのあり得《え》ない出会いの中で、戦闘開始の意思を撤回《てっかい》したのです。

黄金の行路《こうろ》——ゴールデンパス

いかがでしょうか。

冒頭《ぼうとう》にこのお話をさせていただいたのは、『メッセージ』という映画が、その一場面を通して、本書のテーマ「ゴールデンパス」(The Golden Path) のことを象徴的《しょうちょう》に伝えてくれる物語でもあると感じたからです。

ゴールデンパスとは、どうしてこんなことが可能だったのか、自分でも信じられないような、絶体絶命《ぜったいぜつめい》の状況《じょうきょう》を打開《だかい》して開かれる奇跡《きせき》の道のことです。

そして、後から振《ふ》り返れば、「このやり方、この順序でなければ、決して成功しなかった」と思える、唯一無二《ゆいいつむに》の道なのです。

無数にあり得《え》た道すじの中で、それを可能にした唯一の道が、まばゆい光を放《はな》っている。それが、「ゴールデンパス」(黄金の行路) です。

ゴールデンパスとは、まさに、未来の記憶《きおく》によって開かれるような奇跡の道なのです。

「そんなバカな——」

ここでも、そうつぶやく読者の皆さんの声が聞こえてきそうです。

しかし、私たちは、「未来の記憶」を持っていたとしか思えない、奇跡のように開かれてゆく道があることを、どこかで知っているのではないでしょうか。

人は時に、どこかで未来を知っていたとしか言いようのない選択をすることがあります。

未来の記憶《きおく》が選ばせる選択がある

たとえば、運送会社2代目社長だった北川盛朗《もりお》さんの選択（拙著《せっちょ》『1億総自己ベストの時代』第1章参照）——。

先代の社長が急逝《きゅうせい》したため、若くして2代目を継《つ》いだ北川さん。経営実務には不慣《な》れで、先代の番頭《ばんとう》さんたちとの人間関係のやりにくさもあったことから、業績《ぎょうせき》の陰《かげ》りの中でも経営の実務は番頭さんたちに任《まか》せ、自分は「カッコいい社長」になりたくて華《はな》やかなＪＣ（青年会議所）や社交的な活動を熱心にしていました。

ところが、バブル崩壊《ほうかい》で業績は坂を転《ころ》げるように悪化。追い打ちをかけるように、実務の中心にいた常務《じょうむ》が亡《な》くなってしまい、北川さんが実質的に経営責任を背負《せお》うことになります。しかし、メインバンクが破綻《はたん》し、負債《ふさい》は40億円にまで拡大。債務超過《さいむちょうか》に至《いた》り、当時話題になった整理回収機構の整理部に置かれる事態《じたい》になってしまったのです。

しかも、大手の取引会社が離《はな》れ、いよいよ追い詰《つ》められた状況《じょうきょう》でした。

ちょうどその頃、東京・品川のホテルパシフィック東京で開催《かいさい》された経営者対象の「魂の学」のセミナーに参加した北川さん。そのセミナーで講演をしていた私は、会場にいる北川さんが放《はな》つ気配《けはい》から重大な決断をしようとしていることを感じました。

そこで、セミナー終了後、会場近くのお店で食事をされていた北川さんを訪ね、感じたことをお話ししたのです。

「北川さん。本当に大切な時です。今、北川さんは、会社を閉《し》めるという重大な決断をされようとしている。でも、会社を閉めるにも閉め方がありますよ。『魂の学』の実《じっ》践者《せんしゃ》として、最後まで心を尽《つ》くしていただきたいと思います。それに、今だからこそやらなければならないことがあります……」

北川さんがこれから向き合わなければならないこと、そのときに至《いた》るまでに準備することをお伝えしました。

それからの歩みは、北川さんにとって、会社の社長を一からやり直すような一歩一歩となりました。

営業の方針《ほうしん》から経理の実務《じつむ》まで、あらゆる業務に真摯《しんし》に応《こた》える日々。経営者としての自覚、実務への精通《せいつう》、社員を想う気持ち——すべてがまったく変わってしまいました。大変でしたが、これまで感じたことのない充実《じゅうじつ》を覚えていた北川さんでした。

そして、実務と同時に、北川さんは、九州4支店の社員100名の再就職のために、同業2社に転籍《てんせき》をお願いし、わが子を里子《さとご》に出すような気持ちで1人ひとりの行き先を見届《みとど》けたのです。

それを成し遂《と》げたとき、北川さんは心から安堵《あんど》し、言葉にならない感慨《かんがい》を覚えました。それが北川さんにとって、選んだ最善《さいぜん》の道だったからです。

あとは九州に残った支店で残務《ざんむ》整理を行うのみ——。

ところが、思いがけないことに、残った社員の中から、再生に挑戦《ちょうせん》しようという声が上がり、昇給《しょうきゅう》も賞与《しょうよ》もない条件を承知《しょうち》で、社員が一致団結《いっちだんけつ》して新たな挑戦に向かうことになったのです。それは、すでに北川さんが本当の社長になっていた証《あかし》でしょう。

いくつもの試練を1つ1つ乗り越えて、助力者にも支《ささ》えられながら、会社はやがて黒字を出すようになります。

その結果、驚《おどろ》くべきことに、北川さんの会社は、整理回収機構の整理部から再生部に移《うつ》り、最終的に機構から離脱《りだつ》して、自立再生することができたのです。

機構の整理部から再生できた企業は、本当に限られた会社だけでした。

どのように会社を閉めるか――。そこから始まったにもかかわらず、最後は会社を再生させることになった結果は、誰《だれ》が考えてもあり得《え》ないような未来です。

それは、思いがけず、残った社員の申し出から始まった、予期せぬ道すじです。

北川さんや社員の皆さんが、来る日も来る日も、全力で仕事に取り組み、1つ1つの選択を積み重ねたことによって、次々と奇跡のような事態が生まれ、最終的に会社の再生を果《は》たすことになった――。

会社の再生という現実は、世界そのものから与《あた》えられた贈《おく》り物のようです。

でも、もし、北川さんが会社を閉めるという決断をしなければ、次の扉《とびら》は開かなかった。だからこそ、私はなおさらこの道すじの不思議《ふしぎ》さを思うのです。

会社を閉じようと決心したとき、意識にはまったく上《のぼ》らなかったとしても、心の深奥《しんおう》は、行き着く先を知っていた。その奇跡《きせき》のような結果に行き着く未来を、どこかで思い描《えが》いていた――。

まさに、未来の記憶に導《みちび》かれたからこそ、1つ1つの分岐点《ぶんきてん》で間違《まちが》うことなく、最終ゴールに向かう進路選択を連《つら》ねることができたのではないかと思えるのです。

「罵倒《ばとう》の手紙」を「感謝の手紙」に変えた未来の記憶《きおく》

東京で海外のレーザー製品の輸入販売会社を経営する海老名忠《えびなただし》さんの選択も、まさに未来の記憶によるものとしか言いようのないものです（拙著《せっちょ》『魂主義という生き方』「第1の自分革命」参照）。

順調だった海老名さんの会社が、存亡《そんぼう》の危機《きき》に直面したのは、レーザー機器製造元のA社がB社に身売りすることになり、今後はB社の日本支社が国内の販売業務《ぎょうむ》を行うことになったと告げ《つ》られたときです。

当時、海老名さんの会社は、A社の実質的《じっしってき》な日本総代理店であり、売上のうち、9割をA社の機器が占め《し》めていました。それがなくなれば、会社が行き詰《づ》まるのは避け《さ》けられません。

突然《とつぜん》の方針変更《ほうしんへんこう》に、長年の信頼関係に対する裏切《うらぎ》りを感じた海老名さんは憤《いきどお》りました。はたらきかけも空《むな》しく、売却《ばいきゃく》の方針が覆《くつがえ》らないことがわかると、A社社長に向けて、相手を非難《ひなん》する「罵倒の手紙」を認《したた》め、それを投函《とうかん》しようとしたのです。

そこまでの気持ちに海老名さんを追い込んだ背景には、海老名さんがお妾《めかけ》さんの子として厳《きび》しい生《お》い立ちを過《す》ごした過去がありました。いわれなき偏見《へんけん》や差別などを経験し、人間不信、世界不信の心を抱《かか》えざるを得《え》なかった海老名さん。A社の突然の身売りは、その心の底に刻《きざ》まれた不信感を引き出すに十分なものでした。

その一方で、海老名さんは、すでに10年以上前に「魂の学」と出会い、人間を永遠の生命を抱《いだ》く魂の存在と見る人間観、そして心（内）と現実（外）が1つにつながっている世界観を学び始めていました。

「魂の学」とは、見える世界、物質の次元を探究《たんきゅう》する科学を代表とする「現象《げんしょう》の学」に対して、見える世界、物質の次元だけではなく、見えない世界、物資の次元を超える心と魂の次元を合わせて探究しようとするものです。

私は、海老名さんとお会いするたびに、「海老名さん。大事なのは、理不尽《りふじん》な生い立ちがつくり出してしまった恨《うら》みの心をどうすれば解放できるのか。恨みを離《はな》れなければ、過去に縛《しば》られたまま。未来を本当に生きることはできません」とお伝えしていたのです。

その言葉を胸に「魂の学」を学び続けた海老名さんは、やがて、自分の中に、理不尽な扱《あつか》いを受けたと感じるとき、「お前がどんなひどいやつなのか、わからせてやる」という想いが湧《わ》き上がってくることを発見します。

会社でも、会議中に社員に不満や憤《いきどお》りを感じると、社員を徹底的《てっていてき》に叩《たた》いてつるし上げる「血祭《ちまつ》り会議」を繰《く》り返してきた自分が見えてきたのです。

過去の経験が、今の選択にそれほど強い影響《えいきょう》を与えると思っていない人は意外と多いものです。しかし、実は、過去に束縛《そくばく》され、過去に動かされているのが、私たち人間なのです。

海老名さんは、自分の内側に巣食《すく》う過去の呪縛《じゅばく》を見つめると同時に、人間が抱く否定しようのない光の側面を学んでゆきました。

人間の内側には、信ずるに値《あたい》する本質が眠《ねむ》っていること。

自分も含《ふく》めて、人は人生の条件によって様々な不自由を囲《かこ》い、その本質を閉《と》じ込《こ》めざるを得ないけれど、そのがんじがらめの過去から自由になることもできる。

人間の心と現実の結びつきはどれほど強いものなのか。心が変われば、必ず現実も変わる――。

そのことを知り、自らが抱えた不自由から自分を解《と》き放《はな》つ道を一歩一歩歩んできたのです。

海老名さんが、自らの人間不信ゆえに会社でしばしば生じていた葛藤《かっとう》を乗り越え、社員との信頼《しんらい》を深めることができたのは、その歩みのおかげです。

A社の方針転換《ほうしんてんかん》と今後の試練について、社員を集めて率直《そっちょく》に伝えたとき、思いがけず、かつて無責任《むせきにん》で頼《たよ》りないとしか思えなかった社員の皆が口を揃《そろ》えて、「社長、こんないい会社はない。給料を抑《おさ》えてでも会社を続けましょう」と言ってくれました。

「みんな、ありがとう」。海老名さんは心の中で泣きました。

そして、その感謝の想いで、もう一度、これまでの歩みを振《ふ》り返ったのです。

すると、「A社の社長には随分《ずいぶん》お世話にもなってきた」という気持ちがあふれてきました。海老名さんが会社を始めるときに力になってくれたのも、会社が苦しいときに助けてくれたのも、A社でした。

海老名さんは、社長を罵倒するのとはまったく反対に、これまでの取引と関わりに対する心からの感謝の手紙を書き直そうと思います。

そして、その手紙を投函しました。

これで終わった。わが社は終了――。

それでも、海老名さんの気持ちはスッキリとして晴れやかでした。

ところが、それからしばらくして、B社の担当者から、「日本での販売については、これまで通り貴社《きしゃ》にお願いしたい」との連絡が入ったのです。

いったい何が起こったのか、海老名さんはすぐには理解できませんでした。

後日わかったことは、事業の引き継《つ》ぎの際、A社の社長が「これからも日本での販売は海老名さんの会社に任《まか》せてあげてほしい」と、B社に進言《しんげん》してくれたということでした。

もし、罵倒の手紙を出していたら……。この未来はなかったでしょう。これほどの違《ちが》いが生じるとは、海老名さん自身、まったく考えてもみなかったことです。

なぜ、あのとき、「罵倒の手紙」を止《と》め、「感謝の手紙」を認《したた》めることができたのか。この選択の背景にも、未来の記憶の痕跡《こんせき》を認《みと》めずにはいられません。

海老名さんは、まるで2つの選択AとBのそれぞれが行き着く先――行き止まりの未来と事態突破《じたいとっぱ》の未来を知っていて、「感謝の手紙」というBの選択をされたかのようです。

未来になってみれば、あのとき、この選択をすることがどれほど重要なことかがわかる。それ以外の選択はあり得《え》ない――。まさにそれは、未来の記憶の力による選択であり、未来の記憶が引き出したゴールデンパスとしか言いようがないものなのです。

多くの人生に現れる「支《ささ》え導《みちび》く力」

北川さんや海老名《えびな》さんのような例は「ごく稀《まれ》なものだ」と思われるかもしれません。

しかし、多くの人が考える以上に、人生にはこのようなことが起こっているのです。

私がこれまで何万人という方々と出会い、何千人という方々の人生に同伴《どうはん》させていただく中で感じてきたのは、このように人生を支え導く力がはたらくことは決してめずらしくはないということです。

人生の中に訪れる絶体絶命《ぜったいぜつめい》の試練、「もう終わりだ」としか思えない状況《じょうきょう》の中から、1つの選択をきっかけに、それを乗り越える道が開いてゆく。

そのときにはまったく気づかなかったのに、見えない試練を乗り越えたことを後で知ることもあるでしょう。あのとき、もし、あの選択をしていなかったら、「今の私はない」と心の底から思える道が見える――。

あるいは、心に描《えが》いた願いや夢《ゆめ》を懸命《けんめい》に求める中で、厚い壁《かべ》に阻《はば》まれ、いかんともしがたい状況に陥《おちい》ったとき、どこからか助力者が現れ、思いもかけない扉《とびら》が開いて道がついてしまう。常識《じょうしき》では考えられないような転換《てんかん》が起こってしまう。

どこかで次元が変わり、つながらなかったものがつながり、障害《しょうがい》が取り除《のぞ》かれ、事態《じたい》が次の次元に飛躍《ひやく》するのです。

いったい、そこで何が起こっているのでしょうか。

宇宙との響働《きょうどう》がゴールデンパスをもたらす

私たちが生きる世界は、思うにままならないものです。

「魂の学」では、仏教の言葉にちなんで、その世界を「忍土《にんど》」と呼んでいます。

「忍」とは、「心」の上に「刃《やいば》」が乗っている状態《じょうたい》。心が動けば傷《きず》つかざるを得《え》ません。

「忍土」は、願ったこと、望んだことがかなわないのが当たり前、堪《た》え忍《しの》ぶことを前提《ぜんてい》とした世界です。

そして、忍土の世界は、「崩壊《ほうかい》の定《さだめ》」に支配されています。つまり、時の流れのままにしておくなら、ものごとは必ず古び、錆《さ》びつき、壊《こわ》れてゆく。大切なものが奪《うば》われ、続いてほしい安定が失われてしまう――。痛《いた》み、混乱《こんらん》、停滞《ていたい》、破壊《はかい》の現実を生み出そうとする流れに呑《の》み込まれざるを得ないということです。

しかし、一方で、この世界には、それとは反対に、痛みや傷を癒《い》やして修復《しゅうふく》し、新たな秩序《ちつじょ》や調和を生み出そうとする力がはたらいているのです。私は、それを「指導原《しどうげん》理《り》」と呼んでいます。歓《よろこ》び、調和、活性《かっせい》、創造《そうぞう》の現実を生み出そうとする流れです。

この2つの流れは、一見《いっけん》、私たちと関係なくはたらいているように見えます。

あるときは私たちを助けたかと思えば、あるときは大切なものを奪《うば》い去ってゆく。

それらは気まぐれにはたらき、私たちはただその流れに翻弄《ほんろう》されるだけ……。

それが、この世界に厳然《げんぜん》と存在する法則なのだと多くの人は思っているのではないでしょうか。

でも、そうではないのです。私たち1人ひとりが、そのどちらを自分に引き寄せるかの鍵《かぎ》を握《にぎ》っているとしたら、皆さんはどう思われるでしょう。

人は、人生の法則、宇宙・自然の法則に合致《がっち》する生き方によって、現実を変える力を得ることができます。様々な問題を解決し、暗転した現実を光転させることができます。

そして、それにとどまらず、心を浄化《じょうか》し、心の受信・発信の力を育《はぐく》んで、その法則に完全に調和するとき、私たちは、宇宙・自然の本質と響《ひび》き合い、共振《きょうしん》するのです。

ゴールデンパスが現れるのは、まさにそのようなときです。

「絶対に無理」と思っていた事態《じたい》が動いたり、「乗り越えることなど不可能」と思っていた障害《しょうがい》がどこかに消え去ってしまったり、「どう考えてもつながらない」と思っていた2つの点を結ぶ道が開いてしまう――。その共振によって、指導原理の流れが引き寄せられるのです。

それは、一切《いっさい》を見守り、一切を支《ささ》える大いなる存在、宇宙の源《みなもと》の次元との共鳴《きょうめい》です。

「魂の学」では、それを**「宇宙との響働」**と呼びます。響働とは、周波数が共振するように響き合い、はたらき合うことです。

つまり、私たち自身が発する周波数と宇宙の摂理《せつり》が共鳴し合う「宇宙との響働」によって、ゴールデンパスは現れるのです。

心境の深まりが与えるもの

人間は、魂・心・肉体から成り、見える世界と見えない世界、明在系《めいざいけい》と暗在系《あんざいけい》という2つの世界を結んで生きる存在です。

明在系とは、目に見える物質で構成される次元であり、現実世界とも言います。暗在系とは、目には見えないエネルギーで構成される次元で、精神世界とも言います。

この2つの世界は表裏《ひょうり》一体の関係にあり、決して切り離《はな》すことはできません（図1）。

暗在系は、明在系のすべてに対応するエネルギーの次元が包含《ほうがん》された、心と魂が属《ぞく》す

明在系と暗在系

図 1

る世界です。心の深奥《しんおう》につながる魂の次元は、暗在系の深層《しんそう》に広がる世界であり、そこには時間も空間もなく、過去・現在・未来の区別もなく、遠近、大小、軽重《けいちょう》の違《ちが》いもなく、あらゆるものが混在《こんざい》している次元です。

魂には、暗在系に蔵《ぞう》されている無限《むげん》の叡智《えいち》を引き出す力があります。過去・現在・未来を結びつけ、「未来の記憶《きおく》」にアクセスできるのも、魂の力の可能性です。

私たちの心境《しんきょう》が深まり、周波数が整って宇宙・自然の法則に合致《がっち》するようになると、魂の次元を通じた宇宙との響働《きょうどう》の準備が整えられるのです。

先に紹介した北川さんや海老名《えびな》さんの現実は、まさにそのことを物語っています。

お2人の歩みには、それぞれの心境の深まりがはっきりと見て取れます。

独《ひと》りよがりの判断や恣意《しい》的な感情・思惑《おもわく》から離《はな》れ、会社全体の行く末《すえ》や、社員や関わる人たちを心から想い、それを自分のこと以上に優先《ゆうせん》する心と行動が確立《かくりつ》されたとき、一緒《いっしょ》に働く社員の方々は心から社長に共感し、その共鳴《きょうめい》が会社全体に広がりました。

つまり、人心《じんしん》が共鳴して世界と響《ひび》き合い、思いもかけない道が現れたとは言えないでしょうか。

そのとき、当の本人は、自分がその道を開いたというより、「どこかから、もたらされた」と感じていることも特記《とっき》すべきでしょう。

その道は、大いなる存在、世界そのものから与《あた》えられた贈《おく》り物——。

その感覚は実に正しいものなのです。

雨乞《あまご》い師《し》によってもたらされたタオの力

20世紀、新たな心理学の理論を提唱したカール・グスタフ・ユングによる雨乞い師の話をご存じの方もいらっしゃるでしょう。ユングは、この話を通じて、まさにゴールデンパスをもたらす宇宙との響働《きょうどう》のことを伝えようとしています。

昔、中国のある村で大変な日照《ひで》りが続き、人々はあらゆる手立てを尽《つ》くし、祈り続けましたが、何カ月もの間、一滴《いってき》の雨も降《ふ》らず、困《こま》り果《は》てていたとき、別の地域から1人の雨乞い師が呼ばれてきました。ところが、その男は、その土地に一歩足を踏《ふ》み入れるや否《いな》や、近くの物置小屋にこもってしまいました。

3日間が過ぎ、4日目になったとき、何と村には大雪が降ったというのです。

驚《おどろ》いた村人たちは、その雨乞い師に「あなたはどうやって雪を降らせたのか？」と尋《たず》ねると、男はこう言いました。

「私は雪を降らせてはいない。この土地に入ると、すべてがタオ（道）からずれていたので、私自身も物事の秩序《ちつじょ》から外《はず》れてしまった。だから私は、自分がタオの中に戻《もど》るまで、小屋の中で待たなければならなかった」

つまり、雨乞い師は、この村にやってきて、自分が宇宙・自然の法則（タオ）からずれていることを感じ、それを修正《しゅうせい》するために小屋にこもっていた。そして、タオを取り戻して宇宙・自然に響《ひび》き合うようになったとき、外で雪が降ったということです。

ユングは、このようなことが起こるのは、人間の魂《たましい》と宇宙が１つにつながっているからだと考えていました。

人間の内側と外側の世界は、そのようにシンクロ（同期《どうき》）するということです。

雨乞い師がタオの力を得《え》たように、私たちが宇宙・自然の根源《こんげん》に触《ふ》れ、共振したとき、今まで起こり得なかったことが起こる——。

ゴールデンパスは、そのように、法則に調和しようとする人間の努力の上に、それを超える、世界そのものからの贈《おく》り物としてもたらされるものなのです。

ゴールデンパスの輪郭《りんかく》

ゴールデンパスをもたらす宇宙との響働《きょうどう》、世界との共振《きょうしん》の瞬間《しゅんかん》は、歴史の中に、また私たちの周囲にも見出《みいだ》すことができます。それらを通じて、ゴールデンパスとはいかなるものか、その輪郭をさらに確かめてゆきましょう。

スポーツのフローやゾーン体験

たとえば、スポーツの世界にも、ゴールデンパスに通じる道があります。それを強く感じさせてくれるものの1つがゴルフでしょう。

スコットランドなどの自然の原野《げんや》をそのまま残す微妙《びみょう》で複雑《ふくざつ》な起伏《きふく》に富《と》んだゴルフコースでは、ゴルフボールがどちらに転《ころ》がるか、その軌跡《きせき》を予想することさえ至難《しなん》の業《わざ》です。

勝敗を左右するホールで、一打では無理と思われる距離《きょり》を残しながらパットに臨《のぞ》む競《きょう》技者《ぎしゃ》——。観衆《かんしゅう》が息を呑《の》む中、パターから送り出されたゴルフボールが微妙な傾斜《けいしゃ》の山《さん》谷《や》をいくつも乗り越え、カップに吸《す》い込まれてゆく。打点からカップまで、描《えが》かれる無数のラインのうち、ただ1つだけがそれを可能にしたのです。

終わった後なら、どれがカップに到達《とうたつ》するラインだったのかがわかる。それは、ゴールデンパスを示唆《しさ》する典型《てんけい》と言ってもよいものです。

でも、そのラインは、どうやって見出《みいだ》されたのでしょうか。

自然のこぶがいくつも連続し、微妙で繊細《せんさい》な起伏が入り組み、平坦《へいたん》な面が極端《きょくたん》に少ないグリーン。ゴルフ理論に基《もと》づいて、どんなに合理的な思考を積み重ねても、唯一《ゆいいつ》の正解に到達するとは限《かぎ》りません。しかも、グリーンを読む時間はわずか1分程度しかないのです。

目の前に広がる複雑な全体を直観《ちょっかん》する瞬間《しゅんかん》が、そのゴルファーに訪れたとしか思えません。論理や理屈《りくつ》を超えて、ひとすじのラインが見えてしまう――。それこそ、ゴルファーが鍛錬《たんれん》の末《すえ》に経験する、世界との共振の瞬間と言ってもよいものです。

スポーツの世界では、競技者の集中力が高まって特別なプレーを生み出す状態をフロー、あるいはゾーンと呼びますが、まさにその瞬間、奇跡《きせき》のプレーが生まれるのです。

発明や発見の中のインスピレーションと偶然《ぐうぜん》の一致《いっち》

発明や発見にも、ゴールデンパスとしか言いようのないものがあります。

第2次世界大戦直前、その後に生じる未曾有《みぞう》の傷病兵《しょうびょうへい》に対する準備をするように、抗《こう》生《せい》物質ペニシリンが発見されたことはあまり知られていません。

ペニシリンの発見者は英国の細菌学者《さいきん》アレクサンダー・フレミング。1928年、フレミングは、ブドウ球菌《きゅうきん》の培養中《ばいようちゅう》に家族旅行に出かけ、培養のシャーレに青カビを生やしてしまいます。

細菌学者としてはごく初歩的なミスでしたが、フレミングは、そのシャーレの中でカビが生えている部分は、ブドウ球菌の培養が抑《おさ》えられていることに気づき、カビがつくり出すペニシリンという物質が抗生物質であることを発見したのです。

ただ、その論文はほとんど注目されず、ペニシリンの抽出方法が困難《こんなん》をきわめたために、フレミングは研究を断念《だんねん》せざるを得《え》ませんでした。

しかし、1940年になって、オックスフォード大学の研究者が抽出に成功。第2次世界大戦で多くの傷病兵を助けることにつながったのです。

フレミングの失敗とペニシリンの発見。抽出の断念、そして抽出の成功——。ペニシリンによって、第2次世界大戦で多くの傷病兵を救《すく》うために、フレミングも英国の研究者も、そこに関わったすべての人たちは、ゴールデンパスを生み出すために共振を起こした協力者のように思えるのです。

アポロ13号とはやぶさの奇跡《きせき》の帰還《きかん》

致命的《ちめいてき》な故障《こしょう》を抱《かか》えながら、奇跡の帰還を果《は》たしたアポロ13号をご存じでしょうか。映画にもなったので、覚えている方もいらっしゃるでしょう。

予期せぬアクシデントの連続を、3人の宇宙飛行士、NASA《ナサ》（アメリカ航空宇宙局）のスタッフたちが、一糸乱《いっしみだ》れぬ連携《れんけい》と工夫《くふう》で打開し、奇跡の帰還を果たした行程《こうてい》には、ゴールデンパスの輪郭《りんかく》が示《しめ》されているように思います。

わが国の宇宙探査衛星《たんさえいせい》はやぶさの物語にも、ゴールデンパスを見ることができます。

2003年5月、鹿児島・内之浦《うちのうら》宇宙空間観測所《かんそくじょ》から打ち上げられたはやぶさは、小惑星《しょうわくせい》イトカワの砂を持ち帰るというミッションを抱《いだ》いた探査《たんさ》宇宙船です。

幾度《いくど》となない問題に遭遇《そうぐう》しながら、それらを乗り越えていったはやぶさは、地球への帰還を目前にした2009年11月、今度は、唯一《ゆいいつ》残されたイオンエンジンが停止《ていし》。搭載《とうさい》した4つのイオンエンジンすべてが故障《こしょう》してしまうという絶体絶命《ぜったいぜつめい》のアクシデントに見舞《みま》われるのです。

そんな状況《じょうきょう》になれば、普通《ふつう》なら、「もう終わりだ」と考えるでしょう。でも、チームメンバーたちはあきらめることなく、まだ打開《だかい》の方法があるのではないかと探し続け、そこから、4つのエンジンの一部をつなぎ合わせ、1つのエンジンとしてはたらかせるというクロス運転を実現。見事、はやぶさの帰還を成功させるのです。

アポロの宇宙飛行士と地上スタッフがそうであったように、はやぶさのチームメンバーもまた、最後まであきらめずにやり遂《と》げようと一丸《いちがん》となった心と行動で、宇宙との響《きょう》働《どう》を起こしていたのではないでしょうか。

予期せぬアクシデントが連続し、多くの関係者が絶望的になったとき、それでもそこに道があることを信じ、可能性を見出《みいだ》そうとしたことが奇跡の道を開いたのです。

私心《ししん》を離《はな》れた協力が成功させたポリオ根絶《こんぜつ》

現在、わが国の新型コロナウイルス感染症対策《かんせんしょうたいさく》分科会長を務《つと》める尾身茂《おみしげる》氏が挑戦《ちょうせん》した西太平洋地域におけるポリオ根絶の歩みにも、ゴールデンパスの輪郭があります。

尾身さんは、30代後半まで医師として地域医療に従事《じゅうじ》し、その後、友人からの誘《さそ》いがきっかけで、1990年にWHOに就職《しゅうしょく》。上司から示された2つの空席《くうせき》のうち、等級《とうきゅう》の低いポリオ根絶担当《たんとう》を選びました。格下《かくした》なのに、またポリオの専門家でもないのに、なぜ尾身さんはポリオ担当を選んだのでしょうか。未来の現実から見れば、その選択は必然であり、そこには見えない力がはたらいていたように思えます。

しかし、現実の根絶への道は、不可能としか言いようのないものだったのです。

上司から「2000年までに西大平洋地域におけるポリオを根絶せよ」との厳命《げんめい》を受けたものの、尾身さんは専門知識も経験もなく、地域全体にどのくらいポリオ患者がいるかもわかりません。

暗中模索《あんちゅうもさく》の中で専門家会議を開き、ポリオ根絶の戦略を発表しますが、参加者からは次々に厳《きび》しい質問や意見が浴《あ》びせられ、何の成果もないまま会議は終了。専門家の誰《だれ》もが「そもそもアジアで病気の根絶など不可能だ」と思っていたのです。

その後、ワクチン購入《こうにゅう》の資金集めに、公的機関、民間企業、さらに個人まで、世界中を奔走《ほんそう》しますが、「あまりに荒唐無稽《こうとうむけい》な話」と、行く先々で門前払《もんぜんばら》いを受けてしまいます。

もっとも多くの患者を抱《かか》える中国でのワクチン接種《せっしゅ》のためには、日本の政府開発援助（ODA）に頼《たよ》るしかないと、国内外の関係各所と調整を試みますが、期待通りの結果は得《え》られず、ポリオ根絶断念かという窮地《きゅうち》に追い込まれてしまいます。

しかし、数日後、不思議《ふしぎ》なことが起こります。尾身さんが「何が起こったのかわからない」と語るほど、きわめて困難な状況の中で、関係者が理解を示し始め、道が開かれて、1993年、日本政府は正式に中国への7億円の無償《むしょう》資金協力を決定。

風向きが変わり、ポリオ根絶へ向けた歯車が回転し始めます。それでも、サーベイランス（調査研究）や政治的・社会的な問題など、多くの難題《なんだい》が山積《さんせき》していました。

特に中国におけるポリオ患者の問題はデリケートで、患者の大半が、一人っ子政策によって予防接種台帳《よぼうせっしゅだいちょう》に登録されない第2子以降の子どもであることが判明《はんめい》します。

1つ対応を間違えば、国家間の問題にもなりかねない難局に、尾身さんは上司と共に、中国の保健大臣に面会を申し込み、率直《そっちょく》に問題を説明。すると、後日、中国全土の保健関係者が参加する会議に招《まね》かれ、大臣が「第何子だろうが、登録居住地《きょじゅうち》がどこだろうが、すべての子どもにポリオワクチンを接種してください」と発言したのです。尾身さんは、耳を疑いつつ、「これで中国でのポリオ根絶は成功する！」と確信します。

こうして、中国における約8000万人（対象人口の約9割）の子どもへのワクチン接種に成功。これは公衆衛生《こうしゅうえいせい》史上、空前《くうぜん》の出来事だったと言います。

また、内戦や政情《せいじょう》不安でワクチン接種どころではなかったカンボジアやフィリピンでは、大統領《だいとうりょう》と交渉《こうしょう》し、予防接種のための「停戦協定」が成立。さらに、ベトナムやカンボジア南部の「浮遊《ふゆう》集落」で、集中的に予防接種を行う大胆《だいたん》な戦略を実行。

その結果、1997年3月のカンボジアを最後に患者発生報告がなくなり、2000

年10月、ついに西太平洋地域でのポリオ根絶宣言がなされたのです。

医学的なサーベイランスの問題、資金援助の問題、各国の政治的・社会的状況に起因《きいん》する問題などが立ちはだかる中で、すべてのパズルが1つ1つ、あるべき場所にはまってゆくように道が開かれ、10年という歳月《さいげつ》をかけて達成した西太平洋地域におけるポリオ根絶――。尾身さんは、こう語っています。

「ポリオ根絶は、皆が私心を離れ、共通の目標に向かって力を合わせれば、一見《いっけん》不可能に思える目標であっても、達成可能であることを我々に示してくれた」

そこには、確かに、ひとすじのゴールデンパスが開かれていたように思えるのです。

志《こころざし》の連帯《れんたい》という共鳴《きょうめい》が明治維新《いしん》を導《みちび》いた

わが国の歴史に刻《きざ》まれている明治維新もまた、未来の記憶《きおく》がなせるゴールデンパスとしか言いようのない奇跡《きせき》の道すじの一例ではないでしょうか。

明治維新は、当初、日本に迫《せま》る欧米諸国《おうべいしょこく》の勢力《せいりょく》を排除《はいじょ》する攘夷《じょうい》運動として始まったことが知られています。

16世紀以降、列強《れっきょう》各国は、世界中に植民地政策《しょくみんちせいさく》を展開。19世紀の半《なか》ばには、東アジアにもその触手《しょくしゅ》を伸《の》ばそうとしていました。長い間、鎖国《さこく》状態にあったわが国では、そのような外国勢力を排斥《はいせき》する攘夷運動が起こりますが、幕府《ばくふ》が朝廷《ちょうてい》の意に反し、通商路線を選んで開国に傾《かたむ》くと、尊王論《そんのうろん》が湧《わ》き起こり、攘夷運動と結びついて、朝廷を中心とする尊王攘夷運動が展開されることになります。そして、それが討幕《とうばく》運動となって、最終的に明治維新に結実《けつじつ》していったのです。

今日《こんにち》から見れば、明治維新は、わが国の近代化の歩みにおいて、またその後の発展においても、決定的な意味を持っています。その変革《へんかく》が、当初の目的から乗り換《か》え、乗り換えを重ねて導かれるように達成されたこと。しかも、無血《むけつ》革命として成就《じょうじゅ》したことに、絶妙《ぜつみょう》な天の配剤《はいざい》を感じてしまうのは私だけではないでしょう。

それが実現したのは、何よりも倒幕側、幕府側にかかわらず、維新に関わった若者1人ひとりに、自分を超えて国の未来を想う高い志があったからです。その志が、世界とエネルギーの共鳴《きょうめい》を起こし、あり得《え》ないような時代の変革をもたらしたのです。

未来から見れば、それがそうでなければならなかったとわかる。逆に言えば、当初の計画からすれば、まったく違《ちが》った方向に行ってしまったのに、それが収《おさ》まるべきところに収まり、それ以上に意味ある時代を生み出す――。まさに、人々と世界との共鳴がなせる業《わざ》です。

人間を生み出した宇宙生成と進化の道

今、私たちが当たり前のように過《す》ごしているこの世界——。しかし、地球という惑星《わくせい》が生まれ、人間のような知的生命体を生み出してきた宇宙の生成と進化の道にも、その始まりから見れば、途方《とほう》もない未来である今だからこそわかる奇跡《きせき》の道すじがあります。

宇宙開闢《かいびゃく》から、人間のような知的生命体が生まれることは、決して当たり前のことではありません。いくつもの奇跡のような一致《いっち》がなければ、起こり得《え》ないことなのです。

私は、そのプロセスにも、ゴールデンパスを認《みと》めずにはいられません。

もし、宇宙の年齢《ねんれい》が現在（138億年）の10分の1以下であったら、重元素《じゅうげんそ》が十分に組成《そせい》されることがないため、惑星や生命が誕生《たんじょう》することは困難になります。逆に、宇宙の年齢が現在の10倍以上であれば、星はほとんど死に絶《た》えてしまっているため、やはり、知的生命体が存在することは不可能です。

また、アインシュタインの重力場方程式において、宇宙定数と呼ばれている数値が少しでも現在のものと違っていたら、宇宙の姿は大きく変わり、知的生命体を生み出すことはできなかったであろうと言われています。ところが、驚《おどろ》くべきことは、私たちの出現に大きく関わるその宇宙定数は、素粒子《そりゅうし》物理学が予想する値《あたい》よりも、何と120桁《けた》も小さいというのです。

それを単なる偶然《ぐうぜん》の一致《いっち》と呼ぶことができるのでしょうか。宇宙は、奇跡的なバランスを保《たも》つことによって、人間を生み出しているのです。

まるで、宇宙全体が人間を生み出そうと共鳴《きょうめい》しながら進化してきたとしか思えない。私たちは誰《だれ》もが、その奇跡の道すじ——ゴールデンパスを最初から歩んでいるのです。

唯物的《ゆいぶってき》人間観・世界観にはゴールデンパスはない

ゴールデンパスを探《さが》し求めようとするとき、私たちがいかなる人間観・世界観を抱《いだ》いているかということは、決定的な影響《えいきょう》を与えます。

もし、読者が、今日《こんにち》、多くの人々が当然のように受け入れている、いわゆる科学的な人間観・世界観を生きているとしたらどうでしょう。科学は人類に多くの発見や進歩をもたらしてくれました。しかし、科学的な人間観・世界観がすべてだと思ってしまうなら、その歩みは大きな困難を抱《かか》えることになるでしょう。

なぜなら、科学的な人間観・世界観は、一言で言えば、主に唯物的な次元を捉《とら》える人間観・世界観であり、それをすべてとしてしまうなら、気づかないうちに、一切《いっさい》を物質の次元に押し込《こ》めてしまうからです。

人間は物質の塊《かたまり》に過ぎず、心は脳細胞《のうさいぼう》の活動以上のものではないことになります。魂などというものはなく、人間は中身空《から》っぽの存在です。

宇宙も世界も物質によって構成されるものでしかなく、出来事も偶然《ぐうぜん》によって生起《せいき》するだけで、何の意味もつながりもない無機的《むきてき》なものになってしまうのです。

そうだとすれば、人間は世界と切り離《はな》された孤独《こどく》な存在でしかありません。そこで営《いとな》まれる人生も、突《つ》き詰《つ》めるなら、偶然の連続でしかなく、生きる意味などなくなってしまうのです。

人生には目的も、求めるべき価値も、向かうべき場所もない。私たちは自分が何者であるかを忘れ、人生の意味を見失い、どう生きたらいいのかもわからない。

そこで幅《はば》を利《き》かせるのは、人間の欲望《よくぼう》でしょう。

関心を持つのは自分のこと、目先のこと、お金のこと――。つらいこと、苦しいことは避《さ》けるべきもので何の価値もない。生きている間に何をしようと自分の勝手。欲しいものをどこまでも貪《むさぼ》り、人に迷惑《めいわく》をかけようと、誰《だれ》かを傷《きず》つけようと関係ない。やりたいことを勝手にしたあげく、人生の幕《まく》が下《お》りれば、すべて終わり――。死んだら終わりで一切が無《む》に帰《き》してしまう。

そんな生き方からは、ゴールデンパスは生まれようがありません。

「魂の学」の人間観・世界観こそゴールデンパスの土台

一方、人間を永遠の生命を抱《いだ》く魂の存在と受けとめる「魂の学」の人間観・世界観に基《もと》づいて生きようとするならば、どうでしょう。

そこには、唯物的《ゆいぶってき》な人間観・世界観とはまったく異《こと》なる人生が生まれます。


「魂の学」の人間観・世界観は、見える世界と見えない世界、物質の次元と物質を超える次元を合わせて受けとめるものです（図2）。


宇宙と人間は、見える次元も見えない次元も、物質の次元も物質を超える次元も、縦横無尽《じゅうおうむじん》に張《は》り巡《めぐ》らされたつながりを通じて一体になっています。

人間が明在系《めいざいけい》と暗在系《あんざいけい》の両面に触《ふ》れているように、宇宙もその両面を抱いています。

1人ひとりが意識を抱くように、宇宙全体も高次の意識を有《ゆう》していて、それらは応答《おうとう》し合っている――。人間は孤独《こどく》な存在ではなく、全体と1つになって成長と進化の歩みを続けているのです。

「魂の学」の人間観・世界観

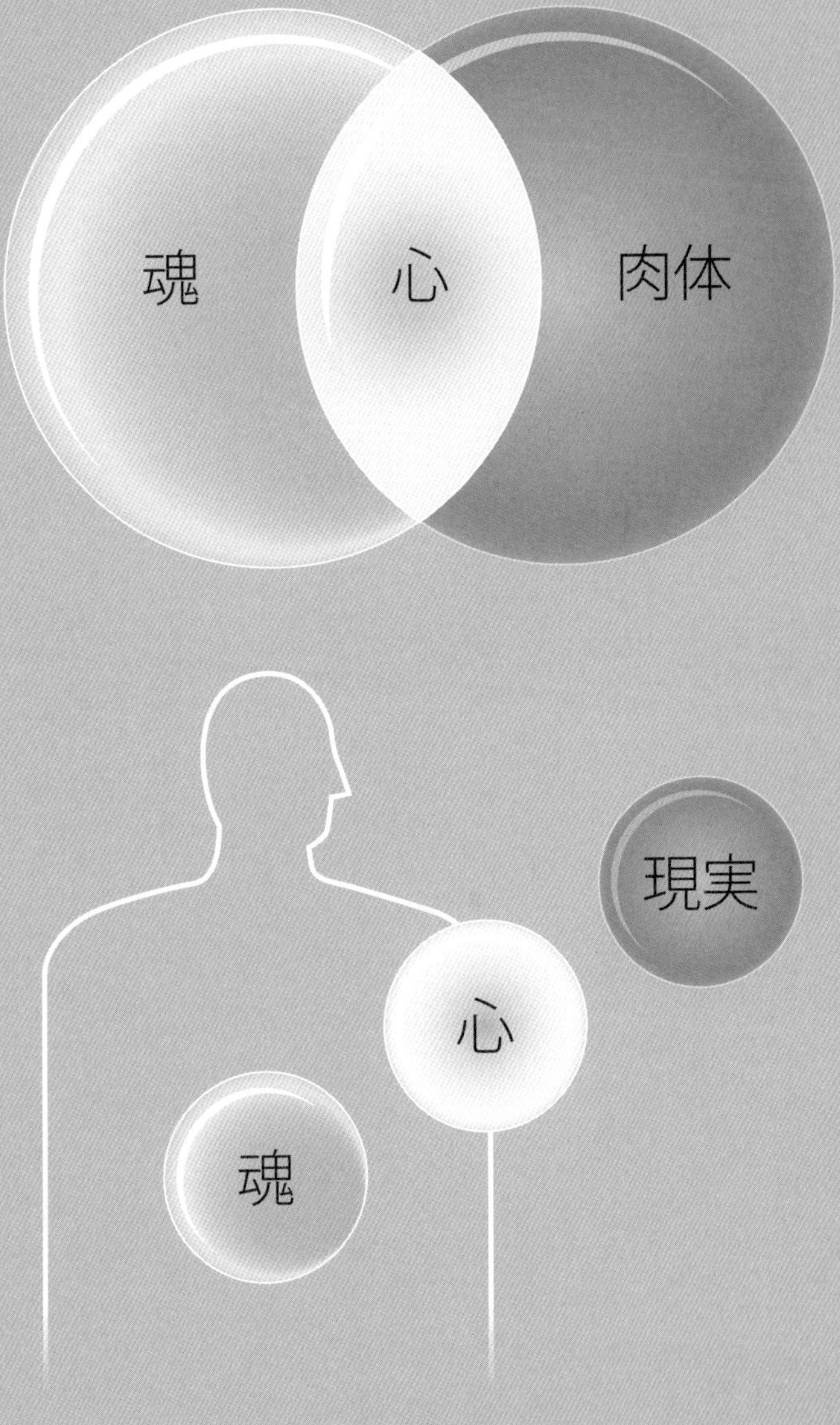

図 2

私たちは、魂の存在として、そのような成長と進化のために幾度《いくど》とない人生を経験してゆきます。人生は魂を磨《みが》く修行《しゅぎょう》の場。この世界に生まれたからこそ出会える様々な出来事を通じて、人生の目的を果《は》たそうと自らを育《はぐ》んでゆきます。

そこで生じる失敗やつまずき、挫折《ざせつ》も、魂の成長と進化の糧《かて》です。苦難《くなん》や試練を通じてしか発見できないことがあり、たとえ人生が不本意《ふほんい》に終わっても、魂はそれを受けとめ、次なる人生で生き直し、さらなる成長と進化をめざすのです。

かつて、ある経営者の方とお話ししていたときのことです。この方が自らの会社の願いが地域社会の絆《きずな》づくりにあることを話されたとき、私はその男性の魂を感じ、「それはあなたの心の深いところから出てくる願いですね」と伝えると、その方は突然《とつぜん》、震《ふる》え出し、頭を抱《かか》えてうずくまり、「守れなかった。守れなかった」と嗚咽《おえつ》し、激《はげ》しい後悔《こうかい》の念《ねん》を吐露《とろ》されたのです。

その後、我《われ》に返った彼は、「どうして自分があんなことを言ったのか、わからない」と言われました。私は、この方の魂が伝えてきたことを明かし、その後悔は、かつて白《びゃっ》虎隊《こたい》（幕末《ばくまつ》の会津藩《あいづはん》が組織した少年隊）の指導者の1人だった過去世《かこせ》において、大切な教え子たちと会津の絆を守れなかった無念の言葉であることをお伝えしたのです。

この経営者の男性は、実に穏《おだ》やかで冷静沈着《れいせいちんちゃく》な方です。外から見ているだけでは、この方の中にそれほど強い後悔があること、またそれゆえの深い願いを抱いていることを想像することはむずかしいでしょう。

でもそれが、私たち人間なのです。誰《だれ》もが魂の存在として、そのような深い後悔と強い願いを内に抱いて今を生きているのです。

人生には、魂としての目的も、求めるべき価値も、向かうべき場所もある――。

自分が何者か。何のために生きているのか。今をどう生きたらよいのか。私たちは、その解答を見出《みいだ》すことができるのです。

どんな経験も、その願いを果《は》たすための介在《かいざい》――。そこに至《いた》るために、宇宙・自然の摂理《せつり》に周波数を合わせ、宇宙のつながりの力、大いなる存在の助力を必要とするのです。

さあ、いかがでしょうか。「魂の学」の人間観・世界観を土台とするなら、ゴールデンパスは求めるべき必然であることがわかるでしょう。

紙幅《しふく》の関係で、ごく一部にしか触れることができませんが、唯物的な人間観・世界観から「魂の学」の人間観・世界観への転換《てんかん》は、想像以上の違《ちが》いをもたらし、私たちの人生に次元の飛躍《ひやく》と大きな可能性を与《あた》えてくれるのです。

あなたはどちらの世界を生きてゆくのか

本書の中心軸《じく》となっている「魂の学」は、このような人間観・世界観に基《もと》づいて、見える次元と見えない次元を1つにつなぎ、魂の成長と進化の道を生きるための理論と実《じっ》践《せん》の体系です。

「魂の学」の人間観・世界観が示す宇宙・自然のつながりの総体は、これまで人々が大いなる存在《そんざい》・神と呼んできた、一切《いっさい》を知り、一切を記憶《きおく》する源《みなもと》なる叡智《えいち》の次元にほかなりません。

宇宙と自然、人生、心と魂、それらすべてを貫《つらぬ》く法則・摂理《せつり》を「魂の学」では神理《しんり》と呼ぶのも、そのような、つながりの総体である大いなる存在を前提《ぜんてい》にしているからです。

私たち日本人は、大いなる存在に対して変わらぬ姿勢を保《たも》ってきました。

「お天道様《てんとうさま》が見ている」「お陰様《かげさま》」といった言葉は、宇宙・自然と、そこにある人間も含《ふく》めた森羅万象《しんらばんしょう》に対する畏敬《いけい》から生まれたものです。

このような畏敬の念こそ、どんな宗教を信仰《しんこう》していても、またしていなくても、人間が失ってはならない普遍的《ふへんてき》な宗教性でしょう。私は、それこそ、ゴールデンパスを求める21世紀の時代精神の基《もとい》になければならないものだと思っています。

最後に一言――。

「自分は、科学的な人間観・世界観を支持《しじ》しているが、今、ここで示された唯物的な生き方ほど行き過ぎてはいない」と思う方は少なくないかもしれません。

それは、多くの人が、唯物的な人間観・世界観を信奉《しんぽう》しながら、実は無味乾燥《むみかんそう》で殺伐《さつばつ》とした唯物主義を貫くことはできず、時によって、どこかで、物質を超える人間観・世界観に寄り添《そ》っているからではないでしょうか。

意識することもなく、その2つを切り替《か》えている――。

そうだとしたら、そのこと自体が、もう答えを出しているということではないでしょうか。

一貫《いっかん》した生き方として、どちらを選ぶのか――。

それは、ゴールデンパスを求めて歩み出す今、私たちが真《しん》に問うべき選択です。

あなたのゴールデンパス

この本を手にしてくださっているあなたの人生にも、ゴールデンパスはあります。

あなたが今、あなたとして生きているのは、奇跡《きせき》のようなひとすじの道を歩んできたからではないでしょうか。数え切れないほどの岐路《きろ》と選択が1つでも違《ちが》っていたら、今とはまったく異《こと》なる現実が現れているに違いありません。

あなたがあなたであるために、そこには唯一《ゆいいつ》の行路《こうろ》があったということです。

そして、これからもまた、あなたはゴールデンパスを歩むことができるのです。

今、あなたが直面している試練、抱《かか》えている問題、厄介《やっかい》な出来事……。それらの中に、ゴールデンパスが存在していることを想っていただきたいのです。

たとえ絶体絶命《ぜったいぜつめい》の状況《じょうきょう》でも、それを一変《いっぺん》させる道すじがある。混沌《こんとん》として訳《わけ》のわからない事態《じたい》でも、関わる人たちを最善《さいぜん》の現実に導《みちび》く行路がある――。

複雑《ふくざつ》で予測不能《よそくふのう》な現実の中に、どうしたらこのひとすじの道を探《さが》し出すことができるのか。これより、ぜひ、ご一緒《いっしょ》に探求《たんきゅう》してゆきましょう。

第2章

出発地——カオスとして事態《じたい》を受けとめる

では、ゴールデンパスの歩みを始めよう。
その出発地は、あなたが今、
目の前にしているありのままの現実——。
しかし、出発地に立つことは容易《ようい》ではない。
なぜなら、私たちの心は、バイアスによって歪《ゆが》められ、
快と苦の刺激《しげき》に翻弄《ほんろう》されているからだ。
その呪縛《じゅばく》を解《と》き放《はな》ってくれるのが、
「カオス発想術《じゅつ》」にほかならない。

ありのままの世界を見ているか

これから、いよいよゴールデンパスの実際の歩みを始めてゆきます。

最初のテーマは、出発地――。

ゴールデンパスのパス（path）とは、始点と終点、つまり出発地と目的地を結ぶ行《こう》程《てい》、道のりを指します。出発地がなければ、ゴールデンパスは始まりません。

その出発地とは、あなたが今、目の前にしているありのままの現実――。

あなたの心を悩《なや》ませている試練、そこにある問題の数々。また、あなたが挑戦《ちょうせん》すべきテーマを呼びかけている現実にほかなりません。

重要なことは、「ありのままの現実」「ありのままの世界」から出発しなければ、ゴールデンパスを開くことはできないということです。

オリンピックへの期待とともに始まった２０２０年は、その後、新型コロナウイルス感染症《かんせんしょう》（COVID《コヴィッド》-19《ナインティーン》）のパンデミックによって、誰《だれ》もが想像できなかった現実をあらわにしました。世界中の国々が、このウイルスの脅威《きょうい》に今もなお動揺《どうよう》し続けています。

１００年に一度とも言われるこれほどの試練は、他に例を見ないものですが、少し考えてみれば、実は世界は常《つね》に揺《ゆ》れ動いてきたことがわかります。

わが国でも、1970年代のオイルショックから、バブル経済崩壊《ほうかい》、阪神《はんしん》・淡路大震災《あわじだいしんさい》、リーマンショック、東日本大震災、そして今回のパンデミック……。ほぼ10年おきにそうした出来事に遭遇《そうぐう》してきた私たちがいます。現在進行形で経験した方は、それらがいかに想像を超えるものだったか、実感を抱《いだ》かれているでしょう。

つまり、「まさか」が起こり続けるのがこの世界――。そこには、常にこうした予期せぬ事態《じたい》、ものごとの流動性《りゅうどうせい》、変化の振幅《しんぷく》が含《ふく》まれているということです。

「ありのままの世界」とは、すべてが想定内の秩序立《ちつじょだ》った現実ではなく、何が起こっても不思議《ふしぎ》ではない、型《かた》にはめて捉《とら》えられない「まさか」の現実が起こる世界です。確かそうに見えて常に揺れ動いているのが、ありのままの世界なのです。

しかし、私たちは、実は、世界をそのように見ることがなかなかできません。

バイアスが外《はず》れた今がその時

「世界は変わるようでそれほど変わらない。ずっとそのままであり続ける――」

「自分の人生は10年か20年、おそらくこのまま続いてゆくだろう。特に素晴《すば》らしいことも起こらなければ、起こることも期待していない。また、とりたてて困ったことも起こらない」

多くの人が、こうした想いを生活実感として抱《いだ》いているのではないでしょうか。

実際、2020年2月頃、新型コロナウイルスの感染が騒《さわ》がれ始めたときのことを思い出してみていただきたいのです。

「新型コロナの問題は、確かに、一部の国では大変なことになっているが、日本はそれほどではない。ましてや、自分の生活はコロナの問題とは別――」

きっと、ほとんどの方は、そのような気持ちだったのではないでしょうか。

それは決して、私たち日本人だけではありません。アメリカもヨーロッパの多くの国々でも、世界中の人たちが、こうした何とない想いを抱いていたのです。

「世界は多分このままであり続ける。変わったことなど起こりようもない」

今となっては、誰《だれ》もがそうは感じていないはずですが、もし、こんな想いを抱き続けていたら、ゴールデンパスに必要な出発地に立つことはできません。

このような想いは、心の正常性《せいじょうせい》バイアスとして知られています。バイアスとは認識《にんしき》や考えを歪《ゆが》めるものを言い、正常性バイアスとは、自分にとって都合《つごう》の悪い情報を無視《むし》したり、過小評価したりしてしまう傾向《けいこう》のことです。

危急《ききゅう》のとき、心のバイアスは、人間に取り返しのつかないダメージをもたらします。

2011年の東日本大震災のとき、警報《けいほう》が出ているのを知りながら、避難《ひなん》しない多くの人たちがいたとされています。2014年の御嶽山《おんたけさん》の噴火《ふんか》でも、死亡者の多くが噴火後も火口付近《かこうふきん》にとどまり、噴火の様子を撮影《さつえい》していたことがわかっています。

「大丈夫《だいじょうぶ》、そんなに大変なことは起こらないだろう」と思っていたのです。

新型コロナのパンデミックによって、図《はか》らずも、心のバイアスから離《はな》れ、ありのままの現実に向き合わざるを得《え》なくなっている今――。まさに私たちは、ゴールデンパスにアクセスすることを後押《あとお》しされているのではないでしょうか。

もう1つ問題がある――染《し》みついた快苦の振動《しんどう》

でも、私たちがその出発地に立つためには、もう1つ解決すべき問題があるのです。

それは、私たちの心に染みついてしまっている「快苦の振動」です。

人間には、生物として常《つね》に従《したが》っている暗黙《あんもく》の原則《げんそく》があります。誰《だれ》もが生まれるや否《いな》や意識することなく従ってきた、快を引き寄せ、苦を遠ざける快感原則です。

快か苦か、得《とく》か損《そん》か、価値《かち》があるかないか……。図3のように、すべての刺激《しげき》をマル

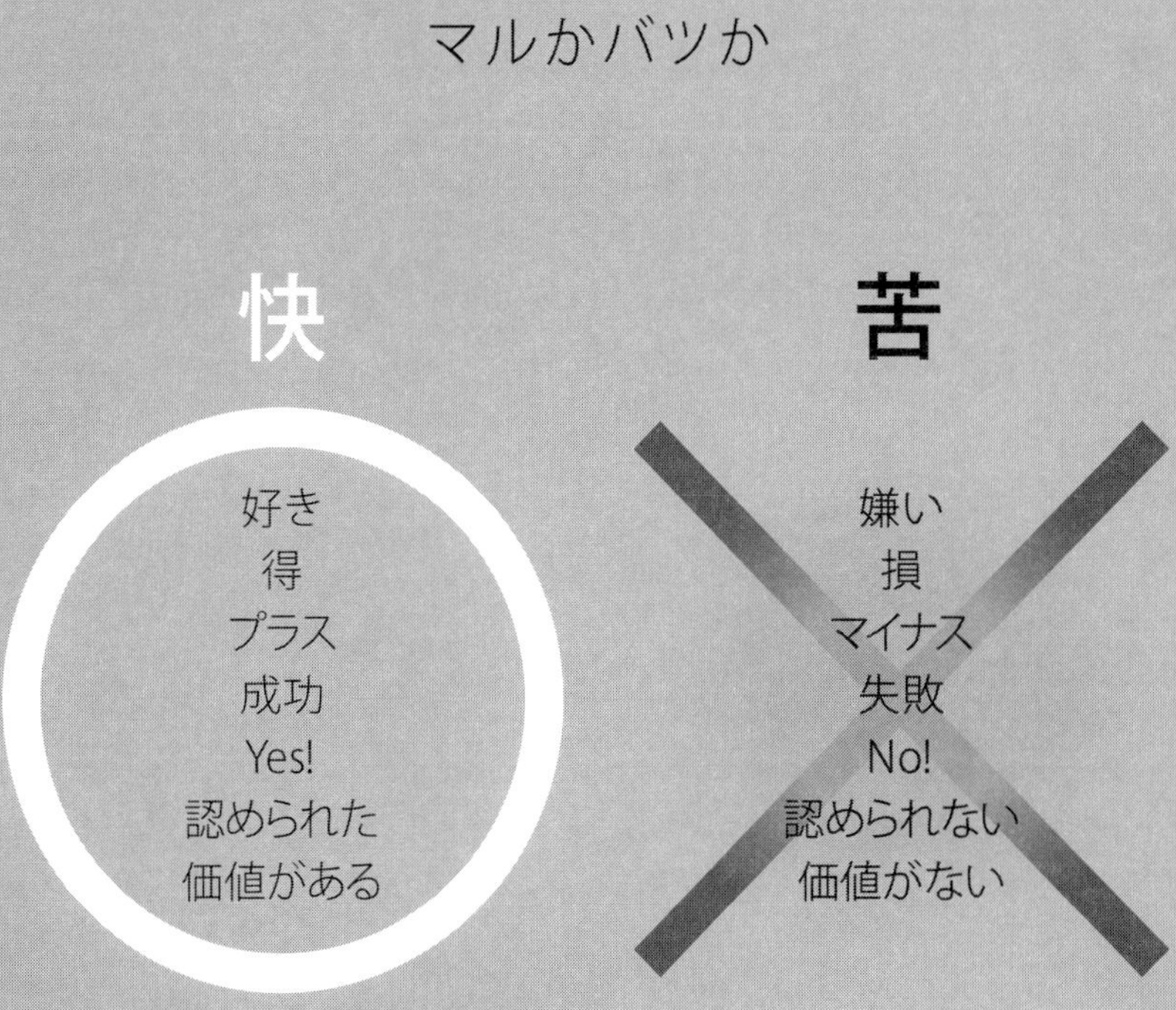
マルかバツか
快
好き
得
プラス
成功
Yes!
認められた
価値がある
苦
嫌い
損
マイナス
失敗
No!
認められない
価値がない

図3

かバツかのグループに分けて、マルを引き寄せ、バツを遠ざけることをほとんど無意識に繰《く》り返してきました。

そして、マルかバツかに選《え》り分けて、引力《いんりょく》・斥力《せきりょく》をはたらかせるだけではなく、マルがやってくれば、「ヤッター」「よかった」と気分が上向きになり、バツがやってくると、「ダメだ」「困った」と気分が落ち込《こ》んでしまう――。

ひどいときには、有頂天《うちょうてん》と絶望《ぜつぼう》が交互《こうご》に現れると言っても過言《かごん》ではありません。

実際のところ、日々、やってくる刺激に驚《おどろ》くほど敏感《びんかん》に反応し、アップダウンを繰り返しているのが私たちではないでしょうか。1日の中で、いったい何回、上下動《じょうげどう》を繰り返しているでしょう。まさに快苦の振動としか言いようがないものです。

考えなければならないのは、この快苦の振動のために、私たちのエネルギーの大半が浪費《ろうひ》されてしまっているのではないかということです。

あなたはいかがでしょうか。

今、目の前の現実に対して、快苦の振動を起こしていないでしょうか。エネルギーを浪費してはいないでしょうか。

快苦の振動に翻弄《ほんろう》されるなら、ありのままの現実をしっかりと受けとめることは到底《とうてい》

できません。ゴールデンパスの出発地に立つことはできないのです。

カオスというチャンネルを開け――ゴールデンパスの出発地

心のバイアスや快苦の振動《しんどう》を解《と》き放《はな》ち、ありのままの現実から出発することを可能にしてくれるのが、目の前の事態《じたい》を「カオス」と受けとめる「カオス発想術《じゅつ》」です。

カオスと聞くと、多くの方が、無秩序《むちつじょ》の状態《じょうたい》や混乱《こんらん》した状態を思い浮《う》かべるのではないでしょうか。でも、本書で言うカオスは、秩序的か無秩序的かにかかわらず、私たちが直面するあらゆる現実を指します。その現実を、今、まさに新たな秩序が生まれてくる前の混沌《こんとん》とした状態として捉《とら》えるのです。

私たちが向き合う事態は、未来からやってきます。私たちが実際にそれに触《ふ》れるまで、その事態はまだ、形も輪郭《りんかく》もなく、結果も出ていない、曖昧《あいまい》な状態です。

たとえば、1カ月後にやってくる受験という現実は、実際にそれを受けるまで、どうなるかはわかりません。合否《ごうひ》という結果も、それが引き起こす影響《えいきょう》も、まだ何も決まっていない――。

それをカオスと呼ぶのです。

カオス

図 4

図4を見てください。カオスには様々な要素が渦巻《うずま》き、エネルギーが満《み》ちています。光と闇《やみ》の交錯《こうさく》は、可能性と制約《せいやく》、光と闇の因子《いんし》を抱《いだ》いていることを表しています。その光と闇の様々な要素が、人間と接触《せっしょく》し、今にも結合《けつごう》し、結晶化《けっしょうか》して現実になろうとしているのがカオスなのです。

逆に言えば、カオスの状態にあるときは、何がどうなるかわからない。安堵《あんど》することも絶望《ぜつぼう》することもできません。

マルかバツかを即断《そくだん》して一喜一憂《いっきいちゆう》するのが快苦の振動なら、すべての事態はカオスと受けとめ、最後まで可能性と制約を注視《ちゅうし》し続け、最善《さいぜん》の現実を現すために力を尽《つ》くすのがカオス発想術です。

本書を手に取ってくださった読者の多くは、今までカオスという捉《とら》え方とは無縁《むえん》で、そんな考え方のチャンネルを持たれてはいなかったでしょう。

でも、これを機に、ぜひカオスというチャンネルを開いていただきたいのです。かつて経験したことのない「まさかの時代」の中にいる今だからこそ、私たちがカオスというチャンネルを持つことは決定的に重要です。

本書がめざすゴールデンパスの出発地は、何よりも目の前のカオスをしっかりと見つめるところから始まるのです。

第1の要諦《ようてい》――結果未生《けっかみしょう》・光闇混在《ひかりやみこんざい》

カオス発想術《じゅつ》について、もう少しじっくり見てゆきましょう。

この発想術をマスターするには、要諦とも言うべきポイントが2つあります。多少重《ちょう》複《ふく》しますが、心に深く刻印《こくいん》するために、もう一度押さえておきたいと思います。

カオス発想術の第1の要諦は、目の前の事態《じたい》を、可能性と制約《せいやく》を含《ふく》んだカオスと捉《とら》えるということです。あらゆる事態を、結果未生・光闇混在の現実として受けとめることなのです。

結果未生とは、まだ結果が出ていない、結晶化《けっしょうか》していない状態《じょうたい》です。

光転の因子《いんし》とは、ものごとを望ましい方向に導《みちび》き、安定や秩序《ちつじょ》、活性化《かっせいか》をもたらし、歓《よろこ》びを与《あた》え、新たな現実の創造《そうぞう》を生み出す可能性の要素であり、一方、暗転の因子とは、ものごとを望まざる方向に押しやって、不安定や無秩序、不活性をもたらし、痛みを与え、現実を破壊《はかい》してしまう制約の要素です。

目の前の事態が、良いのか悪いのか、マルかバツか、まだ決まっていないというのは、当たり前ではないかと思われるかもしれません。

しかし、私たちは、それが決まる前から、マルかバツかを決めてしまうことが少なくありません。少しうまくいかないと「失敗だ」と決めつけ、逆に出だしが思い通りだと「もうこれで大丈夫《だいじょうぶ》」と思い込んでしまいます。

「もう無理」「失敗だ」「この人はダメ」「これはやる価値がない」としか思えない状況に遭遇《そうぐう》するとき、私たちは、ネガティブな気分に陥《おちい》り、目の前の事態は「バツ一色《いっしょく》」になってしまいます。

一方、「これはいけそう」「成功だ」「この人はマル」「これはやる価値がある」と思える状況になると、私たちは、全肯定《ぜんこうてい》の気分になって、目の前の事態は「マル一色」になってしまいます。

そのとき、バツとマルに固定化されてしまった現実を、「ちょっと待て」「でも、事態はカオス」と自分に語りかけて、カオスとして見つめ直すのがカオス発想術です。

カオスには、光転の因子と暗転の因子、可能性と制約という両方の要素が混在している。だから、どんなに困難に見えても、暗転の因子だけではなく、光転の因子がたたみこまれている。制約ばかりではない。可能性もあると受けとめます。また、どんなに安全に見えても、確実に成功すると思えても、思わぬリスク、制約も隠《かく》れている――。そこに「絶対」はありません。そして、そう受けとめるからこそ、結晶化するまでの間、いかに制約の因子をとどめ、可能性の因子を引き出せるかに挑戦《ちょうせん》できるのです。

目の前の事態をカオスとして捉えるということは、本当の意味で「ありのままに見る」ことであり、そこにある可能性を最大限に取り出す方法でもあるのです。

第2の要諦《ようてい》――カオス（現実）の形を決めるのは私たちの心

カオス発想術《じゅつ》の第2の要諦は、最終的にカオスにどんな形を与《あた》えるのかを決めるのは私たち自身であるということです。

普段《ふだん》、私たちは、意識していなくても、目の前の現実に関わり、新たな現実をつくり続けています。私たちが現実＝カオスに触《ふ》れることによって、カオスは形や輪郭《りんかく》を現し、結果が結晶化《けっしょうか》する。つまり、カオスから何を引き出すのかは、私たち自身が決定するということなのです。

会社で生じる事件、学校で起こる課題、病院であらわになる問題――。私たちの周《まわ》りでは、そうしたことが、ひっきりなしに起こっています。

多くの方は、それらは自ら自身の意思とは関係なく、たまたま偶然《ぐうぜん》に現れたと捉《とら》えているのではないでしょうか。言うならば、「こうしてしまった」ではなく、「こうなってしまった」という感覚です。

それどころか、その出来事と自分を積極的に切り離《はな》そうとすることさえ、めずらしくはありません。「自分以外のもののせいにする」という態度《たいど》です。

つまり、上司が悪い、部下が悪い、両親が悪い、兄弟姉妹が悪い、夫が悪い、妻が悪い、嫁《よめ》が悪い、姑《しゅうとめ》が悪い、友だちが悪い、学校が悪い、職場が悪い……。

さらには、教育が悪い、政治が悪い、法律が悪い、制度が悪い、景気が悪い、社会が悪い、時代が悪い……。

人によっては、生まれ育ちが悪い、今年の運勢が悪い、先祖《せんぞ》の因縁《いんねん》が悪い、星の巡《めぐ》り合わせが悪い……というところまで行ってしまうかもしれません。

「自分以外のもののせいにする」ことは、自分と目の前の事態《じたい》を切り離し、自分と事態との間にある「つながり」を切り離してしまうことです（図5a）。あなたが、そうやって切り離してしまえば、一見《いっけん》、責任《せきにん》はなくなり、安全だと思うかもしれません。

しかし、あなたはもう、その事態に積極的には関わらなくなるし、関わろうとも思わ

人間と世界の関係

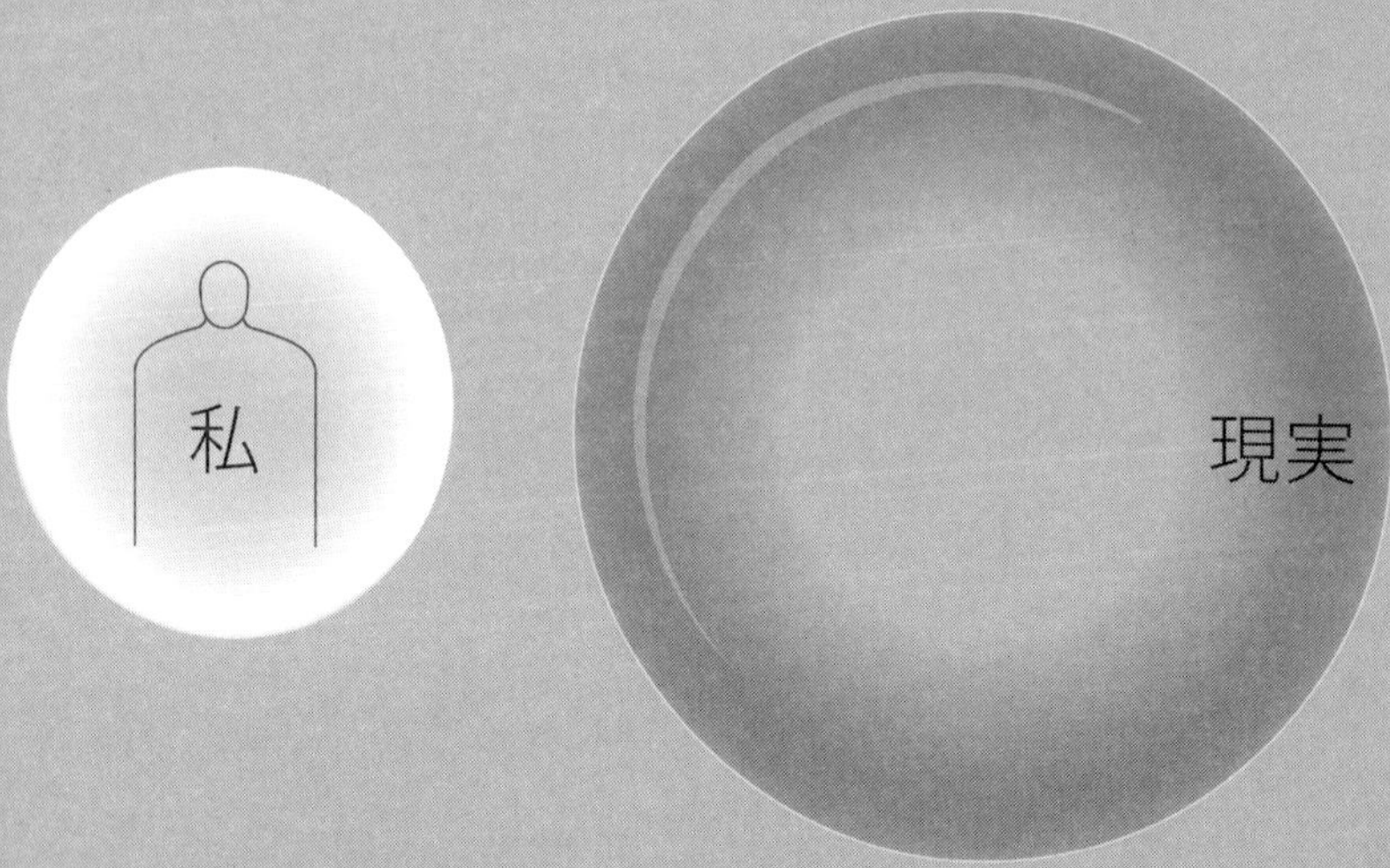

図 5a

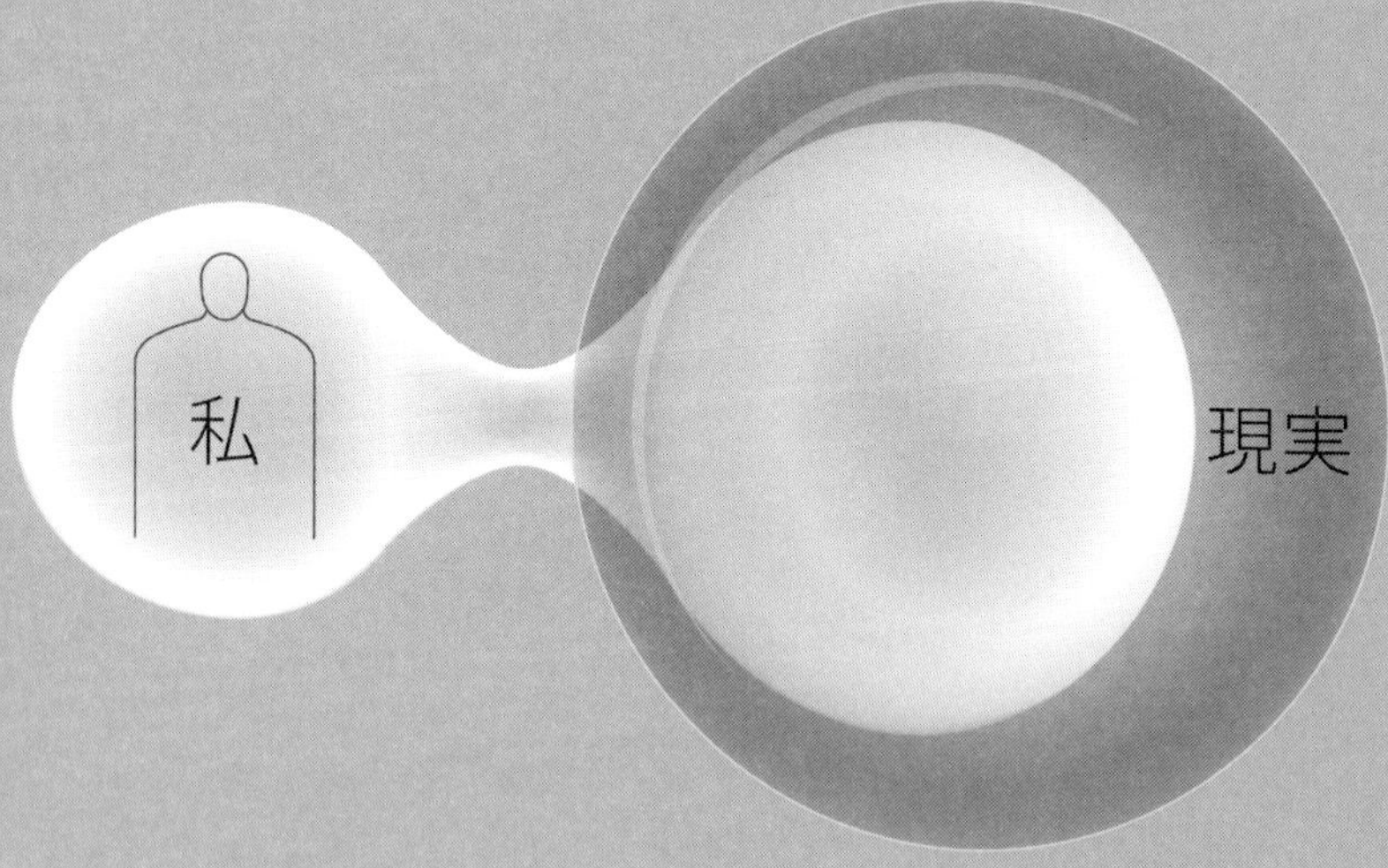

図 5b

ないでしょう。何もできず、影響力《えいきょうりょく》を行使《こうし》することもできない――。

つまり、「自分は関係ない」と、そのつながりを断《た》ち切るほど、「自分は無力で、この事態に対して何もできません」と宣言《せんげん》しているに等しいのです。事態に対する主導権《しゅどうけん》、影響力を自ら手放《てばな》しているということです。

一方、カオス発想術によって、目の前の事態をカオスと捉《とら》えるなら、まったく変わってしまいます。

カオス発想術では、目の前の事態は、私たちの心が触れることによって光転にも暗転にも結晶化することが大前提《だいぜんてい》です。

同じカオスであっても、どのような心ではたらきかけるかによって真逆《まぎゃく》の現実が生まれてしまうのです。しかも、その振幅《しんぷく》は想像以上に大きく、恐るべき違《ちが》いを生み出してしまいます。そして、一度結晶化したら、もう元のカオスに戻《もど》ることはありません。

重要なことは、カオスには、未来の現実のすべてが孕《はら》まれているということです。カオスは、そこに触れて結晶化させる人間の行為《こうい》を元より予定し、包含《ほうがん》しています。つまり、カオスは、私たちと別々に存在しているのではなく、カオスの中に私たちの心が入《はい》り込《こ》んでいる。カオスは、私たちと一体になっているのです（図5b）。

心が入り込み、一体になっているから、私たちは目の前の事態に対して何もできないのではなく、大きな影響力を行使できるのです。

カオスと受けとめた途端《とたん》、私たちは事態に対する主導権を奪回《だっかい》できるということです。

カオス発想術《じゅつ》の実際――3人の社長の場合

目の前の事態《じたい》をカオスと見ることができるかどうかは、その人にかかっています。

しかも、どのようなカオスとして捉《とら》えるのかは、その人の心の段階――境地《きょうち》と智慧《ちえ》によってまったく異《こと》なってしまうのです。

今、多くの会社で、人材不足が大きな問題になっていて、とりわけ若い新入社員の採《さい》用《よう》が困難《こんなん》になっていることが少なくありません。

たとえば、ある部門で何人かの社員が退職し、新たに新入社員を採用しなければならなくなった会社――。しかし、その年の新入社員はゼロ。その部門の業務《ぎょうむ》は停滞《ていたい》し、業績が悪化。このままでは立ち行かなくなる。会社は大きな試練を迎《むか》えます。

このような事態にどのように向き合うのか、以下、3人の社長の対応を考えてみましょう。

第1の社長

第1の社長は、「どうしてこんなことになるんだ」と、頭を抱《かか》え込んでしまいました。部門の責任者《せきにんしゃ》を呼んで叱責《しっせき》するものの、「この事態はバツ。もうどうしようもない」と、ギブアップしてしまいました。

第2の社長

2番目の社長は違《ちが》います。

「ちょっと待て、すべてがバツではない。この状況でも、できることはあるはずだ」とりあえずの対処《たいしょ》として、銀行からの融資《ゆうし》を取り付け、急場《きゅうば》をしのぎます。また、アルバイトの募集《ぼしゅう》、別の部門の社員をこの部門に配置換《はいちが》えするなど、できることはすべてやりました。

その結果、被害《ひがい》を最小限《さいしょうげん》にとどめ、この難局《なんきょく》を乗り切ることに成功したのです。

第3の社長

第3の社長は、さらに、この事態を新たな挑戦《ちょうせん》の機会として捉えました。

新入社員の問題は対症療法《たいしょうりょうほう》で解決できるものではないと考え、社員募集《ぼしゅう》のための広報部門を新たにつくりました。そればかりでなく、会社のPRを強化したのです。

また、現在の社員の力を最大化するために、一部の業務をオートメーション化することによって、作業効率《こうりつ》が格段《かくだん》にアップし、業績が大きく向上しました。

これらの取り組みは、必要に迫《せま》られて行ったものではありません。未来を見据《す》え、起こり得《う》る事態をイメージし、いわば時間を先回りして、主体的にテーマを設定し、実行に移しました。

その結果、会社に対する業界や取引会社間での評価《ひょうか》が高まり、多くの社員が、これまで以上に自分の会社に誇《ほこ》りを持つことができるようになっていったのです。

出発地をどう捉《とら》えるのか――カオス発想術《じゅつ》の階段

目の前の現実をどのようなカオスとして捉えるのか――。それが、ゴールデンパスの出発地を決定し、その後の道のりに大きな影響《えいきょう》を与えます。同じ事態《じたい》に対して3人の社長が取った三者三様の行動は、まさにそのことを示しています。

第1の社長は、事態をカオスとして受けとめることができませんでした。その結果、道を開くことはかないませんでした。

カオス発想術を知っていても、いざ抜《ぬ》き差しならない現実に直面すると、カオスと受けとめることができず、快苦の振動《しんどう》に呑《の》み込《こ》まれてしまうことはめずらしくありません。カオス発想術を知ることは大きな可能性ですが、実際にそれを生きることはまた別なのです。

第2の社長は、事態を**「呼びかけカオス」**として受けとめました。つまり、事態が促《うなが》している呼びかけを受けとめて、それに応《こた》えて改善を重ね、問題を解決しました。

呼びかけカオスの典型《てんけい》は、私たちの外側から降《ふ》りかかってくる事態という形で現れます。その多くが「試練」です。

突然発生した仕事の問題、とばっちりとしてやってくるピンチ、病気や災害、事故、また高い目標や要請《ようせい》が試練になる場合もあります。

呼びかけカオスは、私たちに「変わりなさい」「成長しなさい」「止《とど》まりなさい」「飛び込みなさい」……と呼びかけてくるようなカオスです。

重要なことは、呼びかけカオスは、その呼びかけをきちんと受けとめなければ、そこから最善の現実を引き出すことはできないということです。つまり、呼びかけを受けとめ、それに応えなければ、ゴールデンパスを生きることはできないのです。

第3の社長は、さらに、この事態を新たな挑戦《ちょうせん》の機会として捉え、**「テーマカオス」**

を生み出し、問題を解決する以上の新たな現実を生み出すことができました。

呼びかけカオスは、気づいたら目の前に現れていて、外側から呼びかけてきますが、テーマカオスは、私たちの中に、問題意識や願いが先に生まれ、それによって現れてくるカオスです。

テーマカオスの典型《てんけい》は、新たなことへの「挑戦」です。「試練」が私たちの意図《いと》とは関係なく訪《おとず》れるのに対して、「挑戦」は私たち自身がつくり出すものです。「こうしたい」という願いや目的が生まれ、それによって新たなテーマが現れ、それがカオスとなるのです。

ただ、テーマカオスには時間的な条件があり、いつでも生み出せるわけではありません。もし、テーマカオス化するタイミングを逃《のが》してしまったら、それは、多くの場合、やがて試練に形を変え、呼びかけカオスとして私たちの前に現れることになるのです。

カオス発想術の習熟《しゅうじゅく》という点では、このテーマカオスをつくり出すことに1つのゴールがあります。

このほかにも、カオスには、予定表やスケジュールに記載《きさい》されるイベントとして現れる**「イベントカオス」**や、様々な出会いや新たな人間関係がもたらす**「ご縁《えん》カオス」**があります。

ぜひあなたも、日々の中でカオスと向き合うことを実践《じっせん》してみてください。

「これはこういうカオスだ」と意識し、その中にある制約を抑《おさ》え、可能性を引き出すにはどうしたらよいか、考えてみていただきたいのです。

人生創造《そうぞう》の方程式――カオス→受発色《じゅはっしき》→光転・暗転の現実

私たちが日々生じる出来事をカオスとして受けとめることに慣《な》れてくると、生活におけるすべての言動が、カオスに触《ふ》れ、結晶化《けっしょうか》させる行為《こうい》そのものであることが見えてきます。それは、次の図式で表すことができます（図6）。

カオス→受発色→光転・暗転の現実

これは、**「カオス×受発色＝光転・暗転の現実」**と表すこともでき、カオスに受発色で触れると、光転・暗転の現実が生み出されることを意味します。カオス発想術《じゅつ》が明らかにする「人生創造の方程式」と呼ぶべきものです。

「受発色」という言葉は、「魂の学」で「心」を意味します。

「受」とは受信。世界を感じ・受けとめるはたらき。「発」とは発信。その感じ・受け

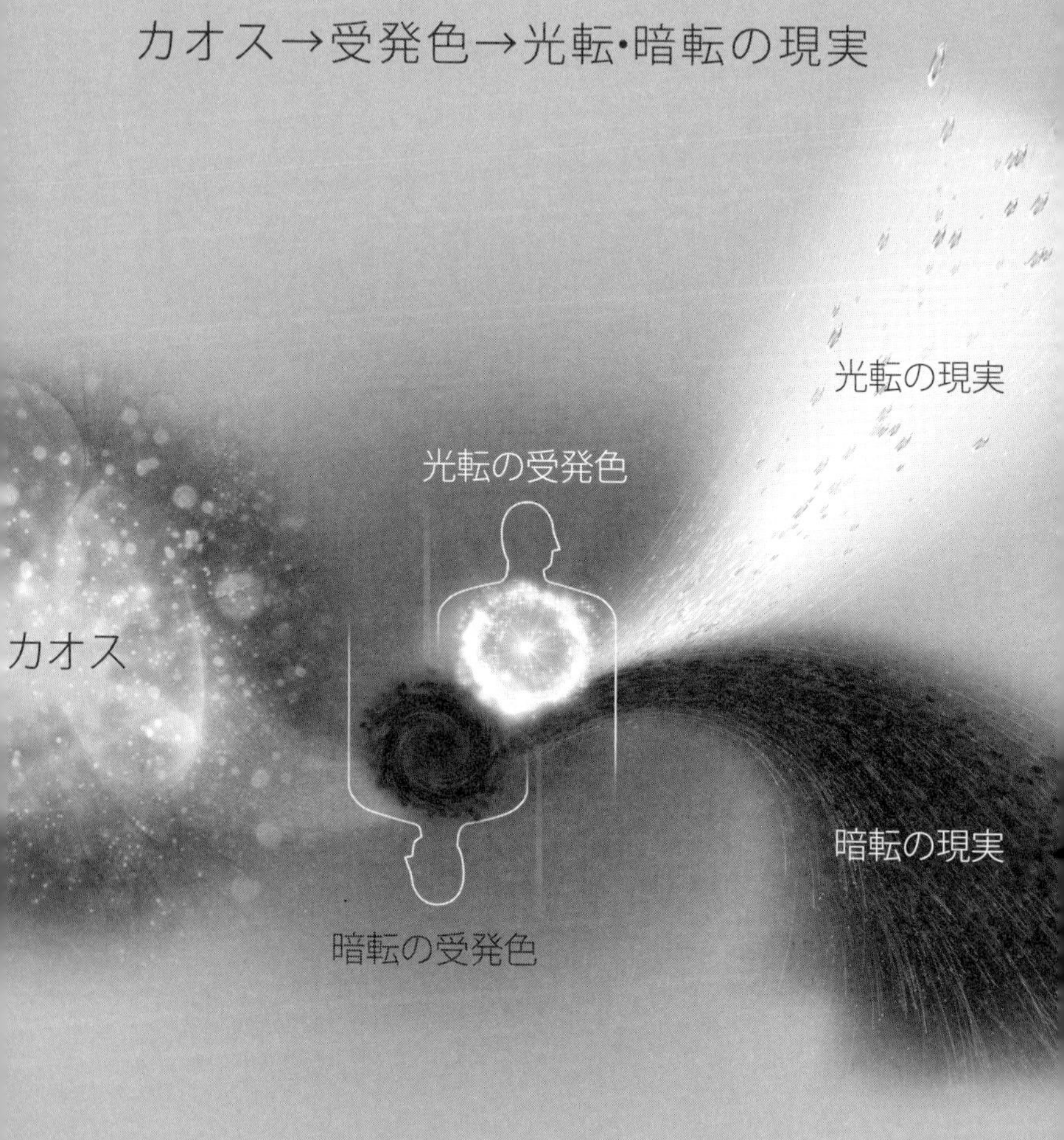
カオス→受発色→光転・暗転の現実
光転の現実
光転の受発色
カオス
暗転の現実
暗転の受発色

図 6

とめたことを考え・行為《こうい》するはたらき。「色」とは仏教の言葉で、そこに現れた現実を示《しめ》します。つまり、受発色とは、心のはたらきを含めた、心と現実の関係を示す言葉なのです。

この受発色という言葉を理解し、使えるようになると、今まで捉《とら》えどころのなかった心の動きが見えるようになってきます。

私たちは日々、この「受↓発↓色」の回路を数え切れないほど回して、新たな現実を生み続けています。次から次にひっきりなしに訪れるカオスに、心＝受発色で触れ、光転か暗転かの現実を結晶化させているのです。

この方程式の鍵《かぎ》となるのは、私たちの心＝受発色です。

受発色次第《しだい》で、カオスは光転もするし、暗転もする――。

カオス↓受発色↓光転の現実

カオス↓受発色↓暗転の現実

毎日、毎月、毎年、この2つの流れを生み出し続けているのが人間であり、どちらを生み出すかを決めるのが受発色。心がその主導権《しゅどうけん》を持っているのです。

私たちは皆、そのようにして人生をつくり、世界をつくりあげています。

考えてみるならば、人間は、受発色以外、何もしていないと言っても過言《かごん》ではないのです。

いかがでしょう。あなたの場合もまったく同じはずです。

日々、年々、生み出しているもののすべてが、この人生創造の方程式から生まれているのではないでしょうか。

最初の志《こころざし》――国際医療への道

ゴールデンパスを歩むために、事態《じたい》をカオスとして受けとめるという出発地を確立することがいかに大切か――。そのことを、お1人の方の実践《じっせん》の足跡《そくせき》を通じて確かめてゆきたいと思います。

モデルとしてご登場いただくのは、「ミャンマー　ファミリー・クリニックと菜園《さいえん》の会」(MFCG)の代表理事として、現在、ミャンマーで国際医療に携《たずさ》わっている名知仁子《なちさとこ》さんです。

名知さんは、1988年に獨協医科大学《どっきょういかだいがく》を卒業後、日本医科大学付属病院に内科医として勤務《きんむ》。普通《ふつう》ならば、そのまま内科医としてのキャリアを積み重ねてゆくことになったかもしれません。

しかし、大学の医局時代、31歳のとき、偶然《ぐうぜん》手に取った1冊の本の中で、マザー・テレサの言葉に出会うことになります。

「もし、あなたの愛を誰《だれ》かに与《あた》えれば、それはあなたを豊かにする」

名知さんは、この言葉に大変な感銘《かんめい》を受けました。それは、進路を変えるほどのインパクトを与えたのです。

こうした言葉に触《ふ》れることは、多くの人が経験しているかもしれません。

しかし、心にとどめながらも、やがてそのまま通り過ぎてしまうことが多いのではないでしょうか。

しかし、名知さんはそうではなかったのです。

現実のマザー・テレサの生き方も、名知さんの魂を揺《ゆ》さぶりました。ハンセン病に冒《おか》され、ただ横たわっているだけの人たちを抱《だ》きかかえ、「あなたは生きていてよかったの」と心から声をかける。

「そんな言葉は自分には絶対《ぜったい》言えない……」

そう思いつつも、限《かぎ》りない憧《あこが》れを抱《いだ》きました。

自分も苦しんでいる人たちのために、学んできた医療技術を使えるようになりたい。でも、自分にできるだろうか。心の中で繰《く》り返される願いと疑問……。

それでも、あきらめきれない必然を感じた名知さんは、ついに、国際医療を志します。2002年に国境なき医師団に入団し、活動を始めたのです。

国際医療の多くは、通常《つうじょう》ならとても医療現場として成り立たないような場所で、人々の生命を守る医療を提供《ていきょう》することに挑戦しています。それだけに、過酷《かこく》な条件に耐《た》えて応《こた》えるだけの志と精神力、体力が必要とされます。

名知さんは、誰《だれ》もまねができないような強靭《きょうじん》な精神力と体力、そして行動力をもって、2002年のタイ・ミャンマー国境沿いのカレン族への医療援助《えんじょ》を皮切りに、2004年以降は、主にミャンマーにおける医療援助に尽力《じんりょく》してきました。

人生の踊《おど》り場からの呼びかけ

高い志《こころざし》を抱《いだ》いて始まった名知《なち》さんの国際医療活動——。

ミャンマーの農村、特に名知さんたちが援助《えんじょ》を志したロヒンギャやカレン族などの村々は、想像以上に貧《まず》しく、過酷《かこく》なものでした。

名知仁子氏略歴

1988年	独協医科大学卒業　日本医科大学付属病院第一内科医局に入局
2002年	国境なき医師団（MSF）に入団（日本人として5人目）
2002年	タイ・ミャンマー国境沿いのカレン族への医療援助（MSFフランス）
2003年	ヨルダンにおいてイラク戦争で難民となったクルド人に対する難民緊急援助活動
2004年	ミャンマーのロヒンギャに対する医療援助（MSFオランダ）
2008年	ミャンマーのデルタ地域でサイクロン被害者に対する緊急医療援助（MSFスイス）
2008年	ミャンマー　クリニック＆菜園開設基金（MFCGの前身）設立
2009年	国境なき医師団日本支部理事
2010年	国境なき医師団日本支部専務理事
2010年	ミャンマーのパテイン地域でカレン族などに対する巡回診療（横浜YMCA）（2012年まで）
2012年	ミャンマー　ファミリー・クリニックと菜園の会（MFCG）法人化
2012年	社会起業大学主催のソーシャル・ビジネス・グランプリ大会でビジネス・グランプリ大賞受賞
2015年	公益財団法人「社会貢献支援財団」の「社会貢献者表彰」受賞

当然、医師も不在で医療施設《しせつ》もありません。電気・水道・通信など、インフラも移動手段も何もかもが未整備の上に、雨期になると川が氾濫《はんらん》し、生活を脅《おびや》かす自然環境の厳《きび》しさが加わります。さらに、住民の戸籍《こせき》もなく、年齢《ねんれい》すらわからず、就学《しゅうがく》できず読み書きもできない……。

そのような条件下で継続的《けいぞくてき》に行われる医療援助は、実に精力的《せいりょくてき》で熱意にあふれるものでした。

否《いな》、そもそも、想像を超えるような熱意で取り組まなければ、こうした活動を継続してゆくことはできないのではないでしょうか。名知さんは、まさに圧倒的《あっとうてき》な熱意を注ぐことができる類《たぐ》い稀《まれ》な情熱家と呼べる方でした。

しかし、その中で、名知さんも超えるに超えられない限界《げんかい》を抱《かか》えることになったのです。

その限界がはっきりと現れたのは、2008年のこと――。

ベンガル湾《わん》で発生したサイクロンが、ミャンマーに深刻な被害をもたらしたのです。

名知さんは、その緊急医療援助にあたっていましたが、一旦《いったん》、日本に帰国し、3年ほど働いて、医療技術を高めるとともに、資金を蓄《たくわ》えて、もう一度ミャンマーに戻《もど》ることを考えました。

ところが、帰国して間もなく、病院の検査で、自分の身体にがんが見つかったのです。手術は成功したものの、体調はすぐに回復《かいふく》せず、よくない状態《じょうたい》が続きました。

診療《しんりょう》を再開するにも、リンパ節の切除《せつじょ》によって神経が傷《きず》ついたのか、しばらくの間、手を患者《かんじゃ》さんの胸や首、顔まで持ち上げることができず、仕方《しかた》なく自分が立ち上がって診療していたほどでした。

しかも、ミャンマーの政治情勢が安定せず、未来の見通しも立たない状況になっていました。

これまで少しずつ積み上げてきたものがすべて頓挫《とんざ》し、前に進むことも後ろに退《しりぞ》くこともできない――。

「こんな大変なことを1人でやるのは、もう無理だ」

「集めたお金を返して、『もうできません』と伝えよう」

さすがの名知さんも、そこまで追いつめられていたのです。

しかし、ここで、不思議《ふしぎ》な出会いが訪《おとず》れます。

絵画の仕事をしている友人から、ある喫茶店で絵を展示《てんじ》するから、そこに来て名知さんの活動を5分でもいいから話してほしいと頼《たの》まれたのです。

名知さんは、自らが取り組んでいる活動についてお話しし、最後に「ぜひ、皆さんにもご協力いただきたい」とお願いしました。「やめるかもしれないのに、こんなことを言っていいのだろうか」と躊躇《ちゅうちょ》の想いを抱えながら……。

すると、話に感銘《かんめい》を受けた1人の男性が、名知さんの手を取ってこう言ったのです。

「名知さん、素晴《すば》らしい活動です。頑張《がんば》ってください。僕《ぼく》、応援《おうえん》していますから。少額かもしれないけれど、絶対、寄付させていただきます」

そして、後日、その方から寄付が届《とど》きました。

この不思議な出会いは、名知さんに言葉にならない励《はげ》ましと力を与《あた》えました。

「もうちょっと、頑張ってみよう」

どん底の状態の中で、そう思えたのです。

もし、この出会いがなければ、名知さんはそこで活動を断念《だんねん》していたかもしれません。

初めはカオスにならなかった

2008年以降、名知《なち》さんが注力《ちゅうりょく》してきたNPO法人ミャンマー ファミリー・クリニックと菜園《さいえん》の会（MFCG）の活動も課題を抱《かか》えていました。

MFCGの活動は、3つの柱によって推進《すいしん》されています。

第1の柱は、巡回診療《じゅんかいしんりょう》・移動クリニックです。名知さんをはじめ、現地の医師が12の村々を回り、年間、数千人に及ぶ方々を診療しています。

第2の柱は、保健衛生《えいせい》指導です。石けんの使い方から食物の栄養バランスまで、保健衛生に関わる指導を行っています。トイレの整備などによって、デング熱の予防に成果《せいか》を上げています。

第3の柱は、家庭菜園の支援《しえん》です。ミャンマーでは、栄養不良の問題を解決するために、農業の専門家による無農薬栽培の指導、身近にあるものを利用した害虫駆除《くじょ》の支援などを行っています。

名知さんが代表を務《つと》めるこのNPO法人の活動は、多くの方々によって支《ささ》えられています。日本側では、理事の方々、資金《しきん》を提供してくれるサポーターの方々、そして、様々な活動を支援してくれるボランティアの方々、さらにミャンマーで一緒《いっしょ》に支援活動に取り組んでいる現地スタッフの方々がいます。

NPO法人が抱えていた課題は、実は、長年にわたって、サポートの1つの軸《じく》であるボランティアの定着がうまくいっていないことでした。

せっかくボランティアに参加してくれても、少なからぬ方が1年ほどで辞《や》めてしまい、代わりの方を募《つの》らなければならない状況が続いていました。

ところが、名知さんには、「来る者は拒《こば》まず、去る者は追わず」という信条《しんじょう》があり、「辞めてゆくなら仕方《しかた》ない」と受けとめていたのです。

さらに、周囲からも「他のNPO法人もだいたい同じようなものですよ」と言われ、名知さんも「まあ、そういうものかな」くらいに思っていました。

名知さんにとって、その現実は、「ボランティアの方々は忙《いそが》しいから続かない。それぞれの事情で離《はな》れていったということ」――。事態《じたい》を改善《かいぜん》するために、なぜそうなっているのかを深く追求することも、切実に取り組む余裕《よゆう》もなかったのです。

このことを、カオス発想術《じゅつ》の観点から見つめてみましょう。

このときの名知さんは、目の前に現れた困難《こんなん》な現実は、ボランティアの方々の側の事情から生まれた問題と受けとめていたのです。そこに自分が関与《かんよ》しているなどとは夢《ゆめ》にも思いませんでした。

まさに84ページの図5ａのように、自分と目の前の現実は切れていたということです。

つまり、このときの名知さんは、目の前の事態をカオスと受けとめることはできなかったのです。

それは、ボランティアの方々に対する関わりだけではなく、理事や他の支援者の方々に対しても同じでした。

事態《じたい》にサインを読み取ってしまう心

そのような日々の中で、名知《なち》さんは、「魂の学」と出会うことになります。

知人から誘《さそ》われて参加した講演会で、「魂の学」の抱《いだ》く力に心惹《ひ》かれ、その場で紹介された実践者《じっせんしゃ》の歩みに触《ふ》れて衝撃《しょうげき》を受けます。

「自分が必死で頑張《がんば》っても、現状《げんじょう》を維持《いじ》するだけで精いっぱいなのに、あれほど状況《じょうきょう》を転換《てんかん》してしまうなんて。魂の力を引き出せば、ここまで現実を変えることができるのか――」

名知さんは、さらに医療を含《ふく》めた専門分野のセミナーや、様々な研鑽《けんさん》の場に参加する中で、進むべき道が見えてくるように感じたのです。

「これを真剣《しんけん》にやってみよう。まず1年、徹底的《てっていてき》に学んでみたい」

心と現実、人間と世界の関係を学び始め、深めてゆくにつれて、名知さんは自分の心=受発色《じゅはっしき》は、目の前の現実と分かちがたく結びつき、決して切り離《はな》すことができないことを実感してゆきます。

何よりも、鍵《かぎ》を握《にぎ》ったのは実践です。名知さんにとっても、「魂の学」を研鑽する仲間に同伴《どうはん》してもらい、それまでできなかった事態の受けとめ方や人との関わり方を始めることができたことは大きな一歩となりました。

また、「魂の学」のプロジェクトに参加できたこともかけがえのない体験です。プロジェクトは、セミナーの運営などを支《ささ》える奉仕《ほうし》活動と研鑽が1つになった場です。名知さんは、集中的なプロジェクトに参加し、仲間と協働する中で、今まで学んできたこと——心と現実のつながりを具体的に生きるとはどういうことか、自分1人では気づけないことをいくつも発見し、自分の心の傾向《けいこう》をつかめるようになっていったのです。

「魂の学」では、人間の心には基本的に4つの傾向があると捉《とら》えます（209ページ参照。詳《くわ》しくは、拙著《せっちょ》『自分を知る力』参照）。

光と闇《やみ》の両面を抱いた魂は、それぞれの人生の条件（両親、地域、時代の影響《えいきょう》など）を受けて心をつくり、そこに4つの傾向のいずれかが強く現れてきます。

そして、この4つの傾向は、目の前の事態の中から、それぞれ独特《どくとく》なサインを取り出してしまいます。それによって、事態をカオスとして捉えることができなくなってしまうのです。

第1は、エネルギッシュな自信家で、ものごとに**「成功のサイン」を見る傾向**です。「自分が1番わかっている」と思うあまり、イケイケドンドンで進めてしまい、結果的に大きな失敗をしたり、現実を破綻《はたん》させてしまったりします。

第2は、エネルギーがあって責任《せきにん》感や正義感が強い一方で、被害者《ひがいしゃ》意識が強く、ものごとに**「悪意《あくい》のサイン」を見る傾向**です。とにかく人との間に軋轢《あつれき》や問題を抱《かか》え、結局、孤立《こりつ》してしまいます。

第3は、エネルギーは穏《おだ》やかで、自己卑下《ひげ》が強く、ものごとに**「障害《しょうがい》のサイン」を見る傾向**です。自信がなく、ものごとを悲観的に受けとめるために、すぐに立ち止まったり、あきらめてしまったりして、事態を頓挫《とんざ》させてしまうのです。

第4は、エネルギーは穏やかで、自分にも他人にも肯定的《こうていてき》な楽天家《らくてんか》で、ものごとに**「他人事《ひとごと》のサイン」を見る傾向**です。誰《だれ》かに頼《たよ》ったり、すぐに大丈夫《だいじょうぶ》と思ってしまったりするため、思わぬ停滞《ていたい》を生じさせてしまうのです。

誰もが、多かれ少なかれ、これら4つの心の傾向を持っていますが、その中でも、特に一貫《いっかん》して強く抱いている傾向があります。

これまで「魂の学」に触れたことのない方も、これら4つの傾向の中から、ご自身に特有《とくゆう》の傾向はどれだろうかと考えてみていただきたいのです（詳《くわ》しくは第4章でもう一度取り上げます）。

心と現実は切り離して考えることはできません。心がこうした傾向を抱えれば、目の前のカオスは、たちどころに歪《ゆが》んだ姿を現し、現実に反映《はんえい》してゆくのです。

成功のサインからの脱却《だっきゃく》

「魂の学」の研鑽《けんさん》を通じて、名知《なち》さんが、まず向き合わなければならなかったのは、エネルギッシュな自信家で、ものごとにすぐに「成功のサイン」を見出《みいだ》す心の傾向《けいこう》でした。

先に述べたように、何のインフラも整っていないような地域で国際医療の活動を継続《けいぞく》するには、圧倒的《あっとうてき》な熱意を持った強力なリーダーシップがどうしても必要です。

それは、多くの場合、他の追随《ついずい》を許さないような熱意であり、現実的な頑張《がんば》りです。それを体現《たいげん》してきた名知さんから見れば、他の人との違《ちが》いは明白《めいはく》だったでしょう。

「自分は誰《だれ》よりもわかっている。自分はできる」

そう思うのはごく自然なことでした。誰かが違う意見を言っても、とても正しいとは思えず、「それは違う」「聞く必要もない」ですませてしまう——。「自分たちがやっているのは正しいこと」という気持ちもあって、ある意味で、絶対的な優位《ゆうい》の心で関わり、いつの間にか相手を自分の思い通りに動かそうとしていたのです。

「私は他の人たちとは違う。他の皆さんは観客席にいるが、私はすべてを捨《す》ててプレーヤーとして闘《たたか》っている」

何かあると、名知さんの中には、すぐにそんな想いが顔を出していたのです。

名知さんが、事態《じたい》に対して切実に、すべてをかけて取り組んでいるのは紛《まぎ》れもない事実でしょう。その意味でこの想いは、半分は正しいものです。

しかし、考えてみていただきたいのです。

一緒《いっしょ》に取り組んでくれる方々は、自分のことを横に置いて、他の人のために時間を使おうとされている——。それ自体、本当に尊《とうと》いことです。この活動は、そうした稀有《けう》な心がなければ成り立ちません。

しかし、優位の心は、その尊さを見えなくさせてしまいます。特に、仲間だと思うと、名知さんは、この活動の意義や現状について、丁寧《ていねい》に説明させていただこうという気持ちも持てなくなっていました。

しかし、「魂の学」の研鑽で、心と現実のつながりを理解し、次から次に何人もの実践者《じっせんしゃ》の歩みに触《ふ》れてゆくにつれて、偏《かたよ》った心がいかに瓜二《うりふた》つの混乱した現実を生み出してしまうのか、もうそれは否定しようがないと思うようになりました。

そして、自分の心と目の前の現実との関係が見えるようになっていったのです。

もしかしたら、この私の心が、ボランティアの方々の意欲を奪《うば》っていたのかもしれない——。

まさに、84ページの図5bのように、目の前の現実に自分が入り込んでいる。本当に、自分の想いや行動がその現実と1つになって、事態をつくり出している——。

その感覚を持つことができるようになったのです。

ボランティアの方々が定着しないという長年の課題。それはボランティアの側の問題だから仕方《しかた》がないと思っていた。

しかし、そうではなかった。それをつくっていたのは、自分だった——。

名知さんは、そう得心《とくしん》してゆきました。

悪意のサインからの脱却《だっきゃく》

そのような中、2018年4月頃から、MFCGの理事会の中で不協和音《ふきょうわおん》が発生し、辞意《じい》を表明する理事も現れ、名知《なち》さんも呼びかけを感じざるを得《え》なくなりました。

同年9月の理事会では、具体的な問題提起《ていき》があり、現時点で未解決になっている問題が確認された後、一部の理事から会の運営に対する不満が出されたのです。

不満の1つに、「資金を集めてほしいという要請《ようせい》に応《こた》えても、その資金が実際にどう使われ、どういう結果が出たのかという報告がない」という指摘《してき》がありました。

「これでは、皆、ただお金集めのためだけに仕事をしているという気持ちになってしまう」という訴《うった》えでした。

激務《げきむ》を極《きわ》める活動を続けることに精いっぱいで、報告をまとめることもままならなかったということもあったでしょう。しかし、問題は、その現実をどう受けとめるかということにあったのです。

名知さんには、ものごとにすぐに「悪意のサイン」を見出《みいだ》すという、もう1つの心の傾《かたむ》きがありました。

それまでの名知さんは、周囲から自分と違《ちが》う意見を言われると、「相手は自分を排除《はいじょ》しようとしている」としか受けとめられませんでした。ですから、人の意見を拒絶《きょぜつ》し、相手を打ち負《ま》かすほど強く反論する気持ちになってしまっていたのです。

この理事会で不満が出たとき、かつての名知さんなら、どう受けとめていたでしょう。きっと受けとめることができず、心の中で拒絶し、「皆さんはわかっていない。結局、私が1人でやらなければならない」という気持ちに支配されて終わっていたのではないでしょうか。

あらゆる訴えや指摘《してき》に悪意のサインを見出し、理事会の2日後に予定されていた理事や事務局の方々との合宿に、その気持ちを引きずったまま参加することになっていたでしょう。

もし、そうなっていたら、結果は火を見るよりも明らかです。理事の不満を解消《かいしょう》することはできず、さらに困難《こんなん》な状況《じょうきょう》を抱《かか》えることになったでしょう。

しかし、このときの名知さんは、自分の心と現実は密接《みっせつ》につながっていること、そして、事態はカオスであることがわかっていました。

名知さんは、この事態《じたい》を呼びかけカオスと受けとめていたのです。

カオス発想術《じゅつ》の第2の要諦《ようてい》（82ページ参照）の通り、今、自分がこのカオスにどう形をつけるのか、それは自分自身の受発色《じゅはっしき》にかかっている。名知さんはまず、自分はこのカオスに対して何を願っているのかを確かめました。

「この合宿で、自分が本当に願っていることは何なのか。プロジェクトに関わる全員が願いを持っている。活動に共感してくださって始まったことは間違《まちが》いがない。皆さんのその願いが引き出されるような合宿にしたい」

次に、カオス発想術の第1の要諦（80ページ参照）に従って、現状を光闇混在《ひかりやみこんざい》のものとして受けとめました。

たとえば、理事の1人が「これまでの活動を振り返ることが必要。事実として確かめたい」と言われたことに対して、真摯《しんし》に向き合い、問題のリストを全部書き出しました。問題が明らかになれば、同時にそれを克服《こくふく》する可能性の因子《いんし》が見えてきます。

理事の方々の気持ちをきちんと受けとめてこなかったこと。あまりの大変さの中で皆さんに十分伝えてこなかったこと。名知さんは、それらを補《おぎな》ってゆこうと決心しました。

そして、それを具体的に実行すると、理事会は、2日前とはまったく違った気配《けはい》になったのです。

ある理事は、「自分たちのやっていることが、こんなに尊《とうと》いことだと知らなかった」

と語り、プロジェクトの必然を強く感じてゆかれました。

また、「ボランティアだから波風立《なみかぜた》てないようにではなく、問題は問題として解決してゆこう」という声が上がり、プロジェクトへの主体的な姿勢《しせい》が一層《いっそう》強まっていったのです。

テーマカオスをつくり出す

名知《なち》さんは、この体験を通して、カオス発想術《じゅつ》の力を実感しました。

事態《じたい》をカオスと捉《とら》え、そのカオスが抱《いだ》いている可能性と制約《せいやく》、光転因子《いんし》と暗転因子に対して、自分の心と行動を整えて向かうならば、制約を抑《おさ》え、可能性を引き出すことができると確信したのです。

名知さんが出会ってきた2つのカオス——。それは、「ボランティアの未定着」と「理事会におけるクレーム」でした。これらは、問題として現れ、対応が求められる「呼びかけカオス」でした。

しかし、名知さんは、さらに「テーマカオス」と向き合うことに挑戦《ちょうせん》してゆきます。

振《ふ》り返ってみると、名知さんが取り組むミッションは、最初から大きな困難《こんなん》を抱《かか》えていました。

先にも触《ふ》れたように、ミャンマーの村人の多くは、十分な教育を受けてなく、農業や生活方法に関する知識もありません。もちろん、公衆衛生《こうしゅうえいせい》の知識もありません。情報共有のためのメディアもなく、小さな村々は個々別々に存在しています。

その中で、ただ目の前に現れる壁《かべ》と格闘《かくとう》していたのが、かつての名知さんでした。

それでも、そうしたミャンマーの現地でも、もっと改善《かいぜん》できることがあると思ったのです。特に、スタッフとの関わりはもっと本来的なものにできるはずだと思いました。

名知さんは、この「スタッフとの関わり」を、テーマカオスとして捉えようとしたのです。

そのために、名知さんは、まず、「スタッフとはこういう人たち」という、自分の中にある無自覚の「前提《ぜんてい》の点検」から始めることにしました（章末コラム参照）。

かつての名知さんには、現地スタッフは結局、「異《こと》なる国で、私に雇《やと》われた人たち」。そんな感覚がありました。

雇用主《こようぬし》と被《ひ》雇用者という関わりだから、彼らの生活や人生に深くコミットする必要はない。それでなくても、何でも1人でやらなければならないのだから、これ以上、私に個人的なことで時間を取らせないでほしい――。そんな気持ちがあることが見えてきたのです。

3つの幸せ

私が名知《なち》さんと初めて出会ったのは、2017年半ばのこと。

名知さんにご挨拶《あいさつ》すると、名知さんの姿に重なるように、外国のヴィジョンが眼前《がんぜん》に広がりました。

「名知さん、今、あなたの後ろにこんな光景が見えます。ぐったりとした赤ちゃんを抱《だ》いた、巻きスカートの民族衣装《いしょう》を着たお母さん。もうすでにその子は亡《な》くなっているのに、お母さんは涙《なみだ》を流しながらあなたにお礼を言っている……」

「……どうしてわかるんですか!? 私、助けられなかったんです。それはミャンマーのことです。助けられなかったのに、お礼を言われて……。もう自分の無力さが切なくて、やるせなくて……。そういうことが日常《にちじょう》なんです」

名知さんは、その出会いの中で言葉にはならないつながりを感じ、私も名知さんとの魂のご縁《えん》を強く感じました。

それ以降、名知さんが帰国して「魂の学」の研鑽《けんさん》の場に参加されるとき、折《おり》に触《ふ》れてお話をさせていただくようになったのです。

名知さんが現地スタッフとの関係の改善《かいぜん》に向き合っていた頃、2019年の新年の講演会に参加するため帰国された名知さんに、開催《かいさい》会場の一角《いっかく》でお会いしました。

そのときお話しさせていただいたのは、3つの幸せ（もらう幸せ、できる幸せ、あげる幸せ）のこと――。

「名知さん、大変な厳《きび》しい環境《かんきょう》の中で頑張《がんば》っていますね。でも、もっともっと、皆さんの話を聞いてあげて。違和感《いわかん》があっても、必ず事情があることがわかるから。皆さんの気持ちにもう一歩、入ってゆきましょう。

人は、誰《だれ》もが『もらう幸せ』から出発します。すべてが用意され、与えられる赤ん坊や子ども時代。それは、愛情を注《そそ》がれることに歓《よろこ》びを感じる時代です。

その後、何かができるようになる『できる幸せ』の時代を迎《むか》えます。言葉を覚え、知識を得て、読み書きやスポーツ、外国語、車の運転ができるようになる。様々な資格を取得し、できることが増えてゆく。できることの歓びを味わう時代です。

でも、それで終わりではなく、その先に、かつて両親や大人たちから多くを与えられたように、今度は自分が他の人たちに愛情を注《そそ》ぎ、何かを与える『あげる幸せ』を生きる時がくる――。

名知さんには、そもそも志《こころざし》があった。他の人々のために尽《つ》くす歓びを感じて、国際医療活動に従事《じゅうじ》されてきた。つまり、『あげる幸せ』は当然の前提《ぜんてい》だと思います。では、名知さんは、現地のスタッフに対して何を期待してきたのでしょう。

かつての名知さんの中には、現地のスタッフは、『もらう幸せ』。優秀《ゆうしゅう》になったとしても『できる幸せ』――。そんなあきらめの気持ちがあったのではないですか。

でも、この活動を本当に実のあるものにしようと願うなら、現地のスタッフにも、『あげる幸せ』を体験していただかなければなりません。否《いな》、彼らもきっとそのことを願っているはずです」

この話を聴《き》きながら、名知さんは、目の前の霧《きり》が晴れてゆくような感覚になりました。

名知さんも、心の底では、現地のスタッフに期待し、自分と一緒《いっしょ》に事態《じたい》を背負《せお》ってほしかったのです。

「もっと彼らを信じてみよう」

名知さんの中に新しい意志《いし》が立ち上がりました。

著者は、いつも講演の中で、「魂の学」によって自分を変え、人生を変えていった方々の歩みをライブで説き明かしてゆく。その数はこれまで数千に及んでいる。写真は、名知さんを壇上に呼び、その人生の歩みに現れた闇と光を明らかにし、そこに秘められた深い意味を紐解いてゆく著者（右）。

ミャンマーの現地スタッフの母になりたい

その後、ミャンマーの現地スタッフとの関わりが大きく変化してゆくことになります。

「彼らと一緒《いっしょ》に、家族のようなチームをつくりたい」

名知《なち》さんは、お母さんのように皆に接《せっ》したいと願いました。

そして、何よりもまず、スタッフのことを知ろうと、徹底《てってい》して彼らの声に耳を傾《かたむ》けました。その中で、彼らの様々な気持ちが伝わってくるようになります。

「魂の学」を学ぶ中で、人生の成り立ちと、誰《だれ》もが無自覚に背負《せお》ってきた人生の条件についての理解を深めたことも、名知さんの受容力《じゅようりょく》を大きく成長させました。

以前なら「どうしてこうなるの！」とすぐに怒《おこ》っていたのが、「これが、この人が背負ってきた人生の条件なんだ」と受けとめ、そこから出発することができるようになったのです。

たとえば、ナースのDさん。彼女は、以前から、腰《こし》の痛みを訴《うった》えていました。話を聞いてゆくと、「ヘルニアで、痛みのために眠れない夜があるんです……」とつらい想いをつぶやきました。そのように、1人ひとりが、悩みや苦しみを打ち明けてくれるようになったのです。

それまでの名知さんは、「あれもこれも全部、自分1人でやらなければならない。大変だ」という想いから、無意識のうちに「私に話しかけてこないで」というピリピリした気配《けはい》を出していました。

いつも部屋のドアを閉《し》めていたこともそうでした。閉めたままにしていると、「入ってこないで」というメッセージになってしまうこともわかりました。そこで、名知さんが、普段《ふだん》から部屋のドアを開放すると、スタッフの皆さんが声をかけ、話しかけてくれるようになったのです。

共通のヴィジョンに向かってゆこう!

ちょうどその頃、名知《なち》さんにお会いしたとき、私は時を感じ、こんなお話をさせていただきました。

「名知さんは、本当に誰《だれ》よりも頑張《がんば》っています。でも、まだ自分の中だけで考えているところがありますね。

名知さんがそうであるように、スタッフの皆さんや日本のボランティアの皆さんも、必ずヴィジョンや願いを抱《いだ》いています。それは本当に大切なこと。だから、彼らがどうなりたいのか、それを聴《き》いてあげてください。私たちがよく取り組むように、その願いを絵コンテに描《えが》いてもらってもいいかもしれません。そして、その願い、ヴィジョンをいつも生きられるように、折《おり》に触《ふ》れて、できるなら毎回、それを確かめるようにしてください」

そう助言させていただいたのです。

名知さんは、ミャンマーに戻《もど》ると、早速《さっそく》、スタッフの皆さんに、その願いやヴィジョンについて尋《たず》ねました。これまで関わりを整えてきたことで、そうしたことも自然に話し合えるようになっていました。

そして、「魂の学」のプロジェクトで学んだ「願い・目的」の確かめ方にならって、現地のスタッフにも、絵コンテで自らの願いを描いてもらったのです。

ドクターもナースも運転手さんも、全員が取り組みました。

すると、どうでしょう。

何と、皆さんが願っていることが同じであることがわかったのです。

衛生的《えいせいてき》なトイレがついている家。

元気に暮《く》らす両親の姿。

鶏《にわとり》がいて卵《たまご》を産む。

野菜畑を耕《たがや》している……。

「孤軍奮闘《こぐんふんとう》。誰もわかってくれない」。そう思い込《こ》んできた名知さんが、その絵コンテを見たときの驚《おどろ》き——「皆、自分と同じ願いを抱《いだ》いていた」。

その感激《かんげき》は、察《さっ》してあまりあるものがあります。

名知さんの気持ちに、大きな亀裂《きれつ》が入りました。

これが、皆が描いた共通の願いなのだ。ならば、一緒《いっしょ》にそこに向かってゆこう！

名知さんのスタッフに対する認識《にんしき》は大きな変貌《へんぼう》を遂《と》げ、スタッフ1人ひとりが孤独《こどく》にならないように、ときに気持ちを尋《たず》ね、受けとめて、一体感をもって歩んでゆくことができるようにしたのです。

その際、名知さんは、拙著《せっちょ》『新・祈りのみち』（英語版）を皆で輪読《りんどく》しながら、1日の中にあったことを分かち合う時間を持つようにしました。メンバーが順番に、その日の出来事と自分の気持ちを語り合ってゆく——。それは、本当に楽しく、笑いがあふれ、スタッフの気持ちが1つにまとまる時間となりました。

かつての名知さんは孤軍奮闘。「誰も自分のことをわかってくれない」と思っていました。しかし、今は違《ちが》います。

スタッフを引っ張《ぱ》るドクターやナースのリーダーも生まれ始めているのです。

それは、名知さんが心の底で願っていたプロジェクトの姿にほかなりません。

実は、名知さんがつくってきたこのNPO法人には、他の法人にはない特徴《とくちょう》がありました。それは、人間関係がフラット（横並《なら》び）であるということです。

周辺の関係者の方々がよく言葉にしていたのは、「NPOで、本当に運営パートナーの形で、みんなでつくりあげている団体はほとんどない」「これだけの熱意、頑張りでやってきた名知さんなら、団体の中で自分にもっと強力な権限《けんげん》を与《あた》えることもできる。でも、そうなっていない」

なぜなら、名知さんは、それを望まなかったからです。

「皆が横並びで、心を1つに協力し合える。そんなNPOをつくりたい――」

フラットな組織のままにしていたことには、名知さんが心の奥で願っているプロジェクトの姿が反映《はんえい》していたのではないでしょうか。

今、名知さんは、カオス発想術《じゅつ》を支《ささ》えに、心の深奥《しんおう》がキャッチした願いを現実のものにし始めているのです。

©2020MFCG

村のテントで保健衛生講座を開く名知さん（右）。住民の方々が自分たちの健康を自らの手で守ることができるように、ボランティアで地域健康推進員を育成し、手洗いや歯磨き、トイレ設置の重要性などを伝え広めている。

人生に繰《く》り返し訪れた不思議なヴィジョン

名知《なち》さんが国際医療活動を始めるきっかけとなったマザー・テレサの言葉との出会いは、魂が射貫《いぬ》かれる体験と言ってよいものでした。いったい幾度《いくど》、その言葉が胸の内に響《ひび》いたことでしょう。

しかし、名知さんの歩みを支《ささ》えたのは、実はそれだけではなかったのです。名知さんには何度も、その体験に連《つら》なる不思議《ふしぎ》な人生の呼びかけが届《とど》いていました。

31歳の頃、まだ大学病院の医局にいたときのことです。

国際医療にとって英語は必須《ひっす》。でも名知さんは苦手《にがて》でした。何とかそれを克服《こくふく》しようと英語を勉強していると、どこからともなく1つのヴィジョンが心に訪れました。

どこかわからないけれど、自分が発展途上国《とじょうこく》で医者として働いているイメージが眼前《がんぜん》に広がったのです。

そして、35歳の頃、父親に「国際医療をやりたい」と話して反対され、「むずかしいかな」と思い、1年間、国際医療の活動を控《ひか》えていました。でも、自分の中で悶々《もんもん》とした想いをどうすることもできなかったある日、夢《ゆめ》のようなヴィジョンを見ます。

畳《たたみ》の上に敷《し》かれた布団《ふとん》の上で、「やっぱり国際医療をやりたかった」と言いながら一生を終えてゆく自分の姿が心に浮《う》かんだのです。

そのとき、名知さんは改めて「この志《こころざし》を捨《す》てるわけにはいかない」と思ったと言います。

また、41歳の頃、国境《こっきょう》なき医師団《いしだん》で働き、ミャンマーのラカイン州で、40度の暑さの中で巡回診療《じゅんかいしんりょう》に取り組んでいたときのこと。船の先頭《せんとう》に座《すわ》っていると、目の前に燃えるような夕焼けが広がりました。そして、心の奥底から「ミャンマーは第2の故郷」という強い情動《じょうどう》が湧《わ》き上がってきたのです。

さらに44歳のとき、世界三大仏教遺跡《いせき》の1つとなっているミャンマーのバガンを訪れたときのことです。11世紀から13世紀に建てられた仏教寺院がたくさんある地域に、夕陽を眺《なが》める有名な場所があり、そこに立ったとき、見えたヴィジョンがありました。

なぜか男性になっている自分が、日雇《ひやと》い労働者のように汗《あせ》まみれになって寺院を建設している情景《じょうけい》が現れ、「ああ、自分はかつてこの場所にいたんだ！」と、何とも懐《なつ》かしく、焦《こ》がれるような強い感慨《かんがい》を覚えたのです。

この1つ1つの体験は、名知さんにとって忘れることのできないものです。時が経《た》ってもその印象は薄《うす》れることなく、いつもありありと蘇《よみがえ》ってくるのです。

このような体験が人生の中で何度も繰り返される――。

いったいどういうことなのでしょうか。

カオス発想術《じゅつ》――魂の願いをかなえさせるもの

私たちの内界、精神世界は、魂と心によってつくられています（63ページ参照）。

心は、私たちが意識することができる思念《しねん》が現れる場所です。ここまでお話ししてきた受発色《じゅはっしき》のはたらきは、ここに生じています。普段《ふだん》、私たちが感じている心は、顕在《けんざい》意識であるということです。

一方、魂は、私たちが意識することのできない、心の奥底にある潜在《せんざい》意識です。

魂の中には、その人が、この世に生を受ける前、永遠の生命として歩む中で蓄《たくわ》えられてきた過去世《かこせ》の記憶《きおく》が眠《ねむ》っています。過去世の記憶とは、多くの時と場を生きた具体的な体験とともに、それを通じて獲得《かくとく》された境地《きょうち》や智慧《ちえ》と一体になっているものです。

通常《つうじょう》は、その転生《てんしょう》の記憶にアクセスすることはできません。

しかし、ときに、その潜在意識の次元は、私たちの心、顕在意識の次元に様々なヴィジョンや情動《じょうどう》を送ってくることがあります。

名知《なち》さんが抱《いだ》いたヴィジョンは、その魂の次元からやってきたものです。だとすれば、名知さんがミャンマーで取り組んでこられたことは、表面的な顕在意識では計《はか》りしれない、名知さんの人生が与えたミッション（使命）であり、名知さんの魂の願いと直結《ちょっけつ》する人生のテーマを告《つ》げているように思えるのです。

しかし、さらに重要なことは、それほど強い気持ちを抱いていても、そのミッションを順調に果《は》たせたわけではなかったということ。むしろ、それだけのつながりと必然があったにもかかわらず、名知さんの前にはどうにもならない多くの現実が立ちはだかっていたのです。

そして、それを乗り越えてゆくために必要だったのが、本章で取り上げた目の前の事《じ》態《たい》をカオスと捉《とら》える智慧《ちえ》であったということなのです。

ゴールデンパスの出発地――。それは、目の前の事態をカオスとして捉えることから始まるのです。

コラム：テーマカオスをつくり出すために

本文では詳《くわ》しく触《ふ》れることができませんでしたが、目の前の事態《じたい》からテーマカオスをつくり出すことは、それ自体が、後に生まれてくる問題の打撃《だげき》を最小化し、さらに新たな創造《そうぞう》への道を開くことにつながります。

ここでは、そのステップを取り上げ、実践《じっせん》の手がかりとしていただきたいと思います。

まず、心に置かなければならないのは、テーマカオスをつくり出すことは難易度《なんいど》の高い挑戦《ちょうせん》であるということです。

目の前にカオスが現れていても、私たちは、それに気づけないことが少なくありません。そのカオスが暗転に結晶化《けっしょうか》して初めて、問題として認識《にんしき》することになるからです。

さらに、試練を呼びかけカオスとして受けとめることができたとしても、その試練は、私たちをテーマカオスに向き合わせようとしているかもしれないのです。試練を入口に、テーマカオスへと導《みちび》かれているということです。

テーマカオスをつくり出し、それに応《こた》えてゆくために、次の3つのステップで考えてみましょう。

❶弱点の克服《こくふく》

テーマカオスをつくり出すために必要な第1のステップは、自分の弱点を理解することです。それがテーマを明らかにしてくれることが少なくないからです。

でも、多くの人にとって、自分の弱点を見つめることは、決して楽しいことではありません。ときに痛みを伴《ともな》う場合もあります。

それでも、テーマカオスを発見するためには、その一歩が出発点となるのです。

たとえば、次のように問いかけてみてはいかがでしょう。

■今回の試練を通して明らかになった私の「弱点」とは、どのようなものだろうか。

■もし今回の試練がなければ、その弱点は気づかれないまま、私の中に隠《かく》され、放置《ほうち》され続けたのではないだろうか。この試練と出会うことによって、見えなかったその弱点が、あぶり出されたとは考えられないだろうか。

■そう考えたとき、今回の試練を自らの弱点克服の絶好《ぜっこう》の機会と捉《とら》えることはできないだろうか。

弱点が教えているテーマがあるなら、勇気を持って受けとめてみましょう。
それが、テーマカオスを発見する大切な一歩となるはずです。

❷前提《ぜんてい》の点検《てんけん》

新たなテーマを発見するには、それまで当然としてきた先入観《せんにゅうかん》を白紙に戻《もど》し、未踏《みとう》の大地に立って事態と向き合う心構えが必要です。

そのために、それまで当然のこととしてきた前提を点検し、それを吟味《ぎんみ》、変革《へんかく》してゆく。それが第2のステップです。自らに、次のように問いかけてみてください。

■長年にわたって当然のこととしてきた当たり前の前提(先入観)がなかっただろうか。たとえば、「○○とは絶対に協働できない」「○○は私たちには関係がない」「○○がなければどうしようもない」など。

■今回の試練は、その前提の吟味・点検を促《うなが》してはいないだろうか。

■その前提を外《はず》して考えることによって、今回の試練を乗り越える道が現れてこないだろうか。

❸挑戦《ちょうせん》の始動《しどう》

第3のステップは、弱点を克服しつつ、前提を点検して、新たな挑戦を始める段階です。

カオスが現れるとき、それは私たちの「飛躍《ひやく》」の時を伝えています。

それを確かめるために、次のことを自分自身に尋《たず》ねてみてください。

■断念《だんねん》しなければならないと思いつつ、長年にわたって放置《ほうち》してきたことはないだろうか。今回の試練は、その決断のタイミングを伝えてはいないだろうか。

■逆に、いつか着手《ちゃくしゅ》したいと願いつつ、長年にわたり先送りにしてきたテーマはないだろうか。今回の試練は、その新たな挑戦に向けて、私たちを後押《あとお》ししてはいないだろうか。

ここで向き合う挑戦すべきテーマこそ、目の前のカオスから、問題解決と新たな創造を果《は》たす鍵《かぎ》となるのです。

第3章

目的地――青写真にアクセスする

ゴールデンパスには、到達点《とうたつてん》、目的地がある。
それは、目の前の現実に秘《ひ》められた
青写真（ブループリント）であり、
実現されるべき理想、未来のヴィジョン——。
そこに到達するために、
私たちは、3つの心構え
（青写真を信じる、持続する意志《いし》、必然の自覚を持つ）を
確かにしてゆかなければならない。

カオスには「そうなるべき形」がある

前章で、ゴールデンパスの出発地は、私たちの目の前にある事態《じたい》をカオスと受けとめることだと言いました。

私たちが日々接《せっ》している現実はカオス。カオスとは、まだ形も輪郭《りんかく》もなく、結果も出ていない混沌《こんとん》とした状態《じょうたい》です。

どれほど厳《きび》しい事態だと感じていても、そこにはまだ可能性がある。

どんなに大丈夫《だいじょうぶ》と思えても、そこには危《あや》うい制約《せいやく》がある。

ですから、ものごとを性急《せいきゅう》に決めつけることなく、どこまでも制約をとどめ、可能性を追求してゆかなければならないのです。

カオスに形を与えるのは、ほかならぬ私たちです。私たちがカオスに触《ふ》れることで、光か闇《やみ》か、光転か暗転かの結晶化《けっしょうか》が起こります。人間の心が事態の未来を左右するということです。

そして、カオスに関して、もう1つ忘れてはならない重要なポイントがあります。

それは、カオスには「そうなるべき形」――本来そうなることを願われている姿《すがた》があるのです。それを一言で言うなら、「青写真」(ブループリント)。目の前のカオスには、

実現されるべき青写真が秘《ひ》められているということなのです。

青写真とは、もともと建築や機械の設計図のことです。

そこから転じて、ものごとの設計図、未来図を指すようになりました。

私たちが実現することを求め、願っている現実の姿――。

「魂の学」では、さらに、ものごとに秘められたイデア（理想形）、大いなる存在・神との約束という意味が込《こ》められています。

それは、本書で私たちがめざすゴールデンパスの目的地、到達点《とうたつてん》でもあるのです。

目の前にあるカオスを、青写真＝目的地まで運ぶものこそ、ゴールデンパスにほかなりません。

目的地＝青写真――ゴールデンパスの核心《かくしん》

ゴールデンパスは、出発地と目的地を結ぶ道――。今、目の前にある「現実」から、願うべき「理想」に到達《とうたつ》するための道であると言えます。

つまり、**世界に満《み》ちる様々な困難《こんなん》（現実）を解決し、新たな未来（理想）をつくり出してゆくプロセスが、ゴールデンパスだということです。**

これまでも、多くの人々が、そのような道はどのようにしてつくり出されるのか、そのメカニズムに関心を抱《いだ》き、実践《じっせん》方法を開拓《かいたく》してきました。

理想と現実を直視《ちょくし》し、その乖離《かいり》の背後《はいご》にある原因を理解して、ギャップを埋《う》めるための手法を研究してきたのです。

1978年にノーベル経済学賞を受賞したカーネギーメロン大学のハーバート・サイモンは、それを「手段目標分析《ぶんせき》」として理論化し、その考え方は、人工知能の問題解決アルゴリズムに応用されました。

生産管理や品質管理などの業務改善の手法として1950年代に開発されたPDCAサイクル（Plan［計画］、Do［実行］、Check［評価］、Action［改善《かいぜん》］）は、ビジネスの現場で、今も広く活用されています。

しかし、これらの問題解決の手法と、本書で取り上げるゴールデンパスには明らかな違《ちが》いがあります。その違いとは何でしょうか。

ゴールデンパスを考える上で、最も重要な点の1つが「青写真」という考え方です。目の前のカオス（現状）は、それが本来そうなるべき形――青写真（理想）を抱いていると考えるのです。

それだけではありません。

カオス（現状）が本来そうなるべき形、青写真（理想）を抱いているということは、私たちが、自分の好き勝手に理想・ヴィジョンを描《えが》くことはできないことを意味しています。

理想・ヴィジョンを描くということは、すでにある青写真を探《さが》すこと――。

その青写真は、見える次元、見えない次元を含《ふく》めた宇宙全体から与《あた》えられます。言葉を換《か》えるなら、人智《じんち》を超えた、大いなる存在からもたらされるのです。

つまり、青写真を探す活動の本質は、単なる思考の精緻化《せいちか》にとどまらず、人間と世界、人と天の共同作業なのです。

第1章で触《ふ》れた宇宙との響働《きょうどう》を思い出してください。ゴールデンパスがそうであったように、次元を超える青写真の探求《たんきゅう》もまた、宇宙との共振《きょうしん》を土台とした歩みなのです。

青写真とは「そこにあるもの」

私たちが自分の欲望《よくぼう》を基《もとい》に考える目標と、青写真から導《みちび》かれるヴィジョンとの違《ちが》いは、いくら強調してもしすぎることはありません。

青写真の発見とは、すでにあるものを、宇宙との響働《きょうどう》を通して探求《たんきゅう》してゆく歩みにほかなりません。その青写真を見出《みいだ》す感覚について考えてみましょう。

16世紀、ルネサンスの芸術家ミケランジェロは、大理石《だいりせき》の中に埋《う》まっている彫像《ちょうぞう》の理想形（イデア）を彫《ほ》り出すことが真の彫刻家《ちょうこくか》の仕事だと言いました。

また、夏目漱石《なつめそうせき》の『夢十夜《ゆめじゅうや》』という作品の中で、鎌倉《かまくら》時代の仏師《ぶっし》・運慶《うんけい》が鑿《のみ》と槌《つち》を使って無造作《むぞうさ》に仁王像《におうぞう》を彫《ほ》ってゆく姿を見たある男が、こう語る場面があります。「あれは眉《まゆ》や鼻を鑿で作るんじゃない。あの通りの眉や鼻が木の中に埋まっているのを、鑿と槌の力で掘《ほ》り出すまでだ。まるで土の中から石を掘り出すようなものだからけっして間《ま》違《ちが》うはずはない」。

ミケランジェロが大理石の中に見ている彫像も、『夢十夜』の運慶が木材の中に見ている仁王像も、もともとそこに秘《ひ》められているイデアであり、青写真にほかなりません。

彼らが生み出した彫刻は、彼らが勝手に思い描《えが》いた形ではないのです。優《すぐ》れた彫刻家、彫刻師は、素材《そざい》の中に埋まっている像（イデア）を見出し、それを彫り出しているという話は、多くの人に言葉にならない深い納得《なっとく》を与《あた》えるのではないでしょうか。

日本画家の東山魁夷《ひがしやまかいい》氏も、描くべき風景は自分が恣意的《しいてき》に決めるのではなく、目の前の自然が教えてくれると語っています。

「絵になる場所を探すという気持ちを棄《す》てて、ただ無心に眺《なが》めていると、相手の自然のほうから、私を描いてくれと囁《ささや》きかけているように感じる風景に出会う。その、何でもない一情景が私の心を捉《とら》え、私の足を止めさせ、私のスケッチブックを開かせるのである」

音楽の世界でも、同じような体験をしている人が多く存在します。

たとえば、ジャズピアニストのキース・ジャレット氏は、その卓越《たくえつ》した即興演奏《そっきょうえんそう》で世界的に知られています。即興演奏とは、何の準備もなく、その場で作曲しながら演奏するスタイルです。彼は、このようなことを語っています。

「私は自分が才能あふれるクリエイター、創造《そうぞう》できる音楽家とは決して思っていない。でも私は、創造の神様はいると信じている。もし私が見事《みごと》な演奏ができたとしたら、それは私の力ではない。きっとそれは私を媒介《ばいかい》として、創造の神様が表現したものだ」「演奏するとき私は、純粋無垢《じゅんすいむく》でありたいと常《つね》に思っている。そうすれば創造の神様が、私という『容《い》れ物』を通して素晴《すば》らしい何かを表現してくれるはずだから」

演奏者本人も、これからどんな曲を弾《ひ》くのかわからない中で、インスピレーションに従《したが》いながら、瞬時《しゅんじ》に楽想《がくそう》を紡《つむ》ぎ出し、美しい音楽が生まれてゆく――。まさにそれは、見えない次元にすでに存在していた「音楽」が、演奏者を介してこの世界に降《お》りてきたということではないでしょうか。

彼らの言葉は、創造の本質は、「それ」を新たに創《つく》り出すのではなく、すでにそこにある「それ」＝青写真を取り出すことにあることを、見事に言い当てています。生み出されるものの形は、すでに「そこにある」ということなのです。

未来の記憶《きおく》――イデア説

「そこにあるもの」という考えは、第1章でお話しした「未来の記憶」につながります。未来の記憶を持つことができるのは、私たちが向かうべき青写真があることを前提《ぜんてい》としているからです。

古代ギリシアの哲人《てつじん》プラトンが、人間の学習の本質として解き明かした「想起説《そうきせつ》」はそのことを明らかにしています。

プラトンが考えていた人間観は、魂は不滅《ふめつ》の存在であるということ。すべての魂は幾《いく》度《ど》も人生を繰《く》り返し、その経験から多くの叡智《えいち》を備えた存在。しかし、肉体をまとって地上に生まれてくると、その叡智を忘却《ぼうきゃく》してしまう。

ただ、叡智は、魂の中にとどまっていて、人はイデアを分有《ぶんゆう》するものと出会ったとき、それを思い出して感動することができるというのです。ですから、人間にとっての学習とは、「想起すること、思い出すこと」にほかならないというわけです。

これは重要なことです。

人間は、魂という中心を抱《いだ》いた存在で、中身空《から》っぽの存在ではありません。その蓄《たくわ》えられた叡智を引き出すことができないだけです。

そして本当は、表層的な現実の奥に秘《ひ》められた青写真、イデアを感知することができる。私たちは誰《だれ》もが、そういう魂の感覚を抱いているのです。

「青写真がある」という感覚を呼び覚《さ》ますことができるかどうか――それによって、1人ひとりの生き方に決定的な違《ちが》いが生まれてしまいます。

「青写真がある」とは、どんなものごとにも最善《さいぜん》の解答があり、それを具現《ぐげん》する道すじがあるということです。その青写真は、自分の一方的な欲望《よくぼう》で描《えが》くものではなく、宇宙全体から、大いなる存在からもたらされる厳《おごそ》かで尊《とうと》いもの――。

「青写真の感覚」というチャンネルを開いた人は、「答えはある」と信じ、神意《しんい》を尋《たず》ねながらその大切なものを求めてゆきます。

失敗や間違いを繰《く》り返しても、こだわって足を取られることなく、最終的な答えとそこに至《いた》る道すじを探すことができます。

けれども、青写真の感覚を持てなければ、ちょっとした失敗で「もう無理なのではないか」と折《お》れてしまったり、少しの手応《てごた》えで「これでいける」と慢心《まんしん》してしまったりします。それでは、求めるべき答えに到達《とうたつ》することは困難《こんなん》でしょう。

鋼《はがね》のようにソリッド——テスラの描《えが》いた青写真

読者の中には、「青写真は、どこか抽象的《ちゅうしょうてき》で曖昧《あいまい》なもの」という印象を持つ方もいらっしゃるかもしれません。

青写真として訪れるインスピレーション、ひらめきは、確かに一瞬《いっしゅん》のものであり、ある意味で儚《はかな》いものです。

けれども、青写真は、単なる思いつきとはまったく異《こと》なります。

時が経《た》つにつれて雲散霧消《うんさんむしょう》してしまうような曖昧なものではなく、むしろ、時が経つにつれて、ますます忘れがたく、消し去ることのできないものになってゆくのです。

19世紀末に交流モーターを発明したニコラ・テスラという人をご存じでしょうか。

彼は、1999年のLIFE誌「この1000年で最も重要な功績《こうせき》を残した世界の人物100人」に選ばれるほど、偉大《いだい》な発明家として、その名を歴史に刻《きざ》んでいます。

テスラと言えば、多くの人は、米国のイーロン・マスク氏率《ひき》いる革新的《かくしんてき》な電気自動車メーカーを思い浮《う》かべるでしょう。その社名は、このモーターの発明家ニコラ・テスラにちなんだものです。

私たちの周《まわ》りには、モーターがあふれています。機械的な機能を持つデバイスには、そのほとんどすべてにモーターが使われていると言っても過言《かごん》ではありません。

果《は》たしてテスラは、自らがこの世を去って80年後に、電気モーターで走る自動車が社会にあふれ、電気自動車のリーディングカンパニーに、自分の名前がつけられることを想像していたでしょうか。

彼が描いた交流モーターは、まさに新しい電気の時代を開くためになくてはならない青写真でした。

テスラは、交流モーターの着想《ちゃくそう》を得《え》たとき、「そのイメージは、おそろしくシャープで、明確で、金属や石のように確固《かっこ》たる存在感《そんざいかん》があった」と言っています。

そのヴィジョンは、鋼のようにソリッド（堅固《けんご》）だったということです。

またこうも語っています。

「私は、実際の作業を性急《せいきゅう》に進めるようなことはしない。まずは頭の中で装置《そうち》を動かし、改良を行っていく。実際に工場で試験を行うのも思考の上で試《ため》すのも、大した違《ちが》いはないのだ」

彼は、装置を実際に組み立てて実験をする必要がないくらい、頭の中で、その装置をありありと思い浮かべることができたということでしょう。

ヴィジョンがリアルだからこそ、それを体験した人たちは、そのヴィジョンを具現《ぐげん》しようと注力《ちゅうりょく》し、そのヴィジョンを生きようと歩んでゆくのです。

実際、リアルな青写真は、ただそこにあるだけではなく、そこに至《いた》る道も指し示してくれます。青写真と私たちの関係は、そのようなものなのです。

青写真の力1――過去から飛躍《ひやく》する

では、私たちが青写真を描《えが》くとき、そこにどのような力が生まれてくるのでしょうか。

新たな未来をつくり出すためには、過去の呪縛《じゅばく》から自由になることが必要です。しかし、人間は、ほとんどの場合、知っていることしか思いつくことができず、それまで習い覚えてきたやり方以外の方法で行うことはできません。

心理学で面白《おもしろ》い実験があります。大学生の実験参加者に、宇宙生物を自由にイメージして、その絵を描いてもらいます。しかし、そこに描かれるものは、ほとんど世界に実在《じつざい》する生物を変形したものになってしまうというのです。「実際の生物とは異《こと》なるものを考えてください」と指示しても、結果は同じでした。

私たちは、気づかぬうちに、自分が身を置いてきた小さな世界に閉《と》じこもり、様々な約束事や前提《ぜんてい》に束縛《そくばく》され、その中にとどまってしまうのです。

長い歴史の中で、人間がものごとの進め方の基本としてきたのは、過去を土台に未来を思い描く生き方、過去に基《もと》づいて未来をつくる方法でしょう。

「現状を改善《かいぜん》して目標に近づける」というやり方です。それは、ものごとの基本であり、大切な生き方です。でも、それだけでは到達《とうたつ》できない次元があります。過去からの延長《えんちょう》線上《せんじょう》に、求める未来はないかもしれないのです。

そのとき、私たちに大きな力を与《あた》えてくれるのが、青写真です。

青写真は、私たちに飛躍を与えてくれます。なぜなら、青写真は過去から生まれてくるものではなく、未来からやってくるものだからです。

第2次世界大戦後、世界は東西対立の冷戦時代に突入《とつにゅう》し、1960年代にその舞台《ぶたい》となったのが宇宙開発競争でした。1961年、ソ連が有人《ゆうじん》宇宙船の地球周回軌道《しゅうかいきどう》への投入に成功したために、米国は窮地《きゅうち》に陥《おちい》りました。

すると、当時のケネディ大統領《だいとうりょう》は、何と、米国は1960年代のうちに有人宇宙船によって、人類を月に届《とど》けると約束したのです。

その時点で、米国は、地球を周回する有人宇宙船の打ち上げにすら成功していませんでした。当然、それは無謀《むぼう》な目標、空想的で無理なヴィジョンだと誰《だれ》もが思いました。

しかし、ケネディ大統領はこう語ったのです。

「われわれは、月に行くことを決めました。今後10年以内に月に行き、さらなる取り組みを行うことを決めたのは、それが容易《ようい》だからではありません。それが困難《こんなん》だからです。この目標が、われわれの持つ最高の行動力や技術を集結《しゅうけつ》し、それがどれほどかを計《はか》るのに役立つからです。その挑戦《ちょうせん》こそ、われわれが受けて立つことを望み、先延《さきの》ばしすることを望まないものだからなのです。……」

ここで示された目標こそ、新たな青写真――。それを受けたNASA《ナサ》（アメリカ航空宇宙局）の科学者や技術者たちは、こう考えたのではないでしょうか。

「この目標は、ただこれまでの改善を重ねても到達することはできない。今までとは違うやり方が必要だ」

そして、月面着陸を射程《しゃてい》に入れた新たな道すじを模索《もさく》し、宇宙船をつくりあげて、過去の延長線上から飛躍することができたとき、人類史上初めて、人間が月に降《お》り立つという快挙《かいきょ》を達成できたのです。

月面着陸を含《ふく》む新たなアプローチによって、米国が有人宇宙船による地球外軌道の周回に成功したのは、プロジェクトのスタートから何と8年近い時を経《へ》た1968年10月。しかし、それからわずか10カ月で月面着陸を果《は》たしたのです。その歩みを牽引《けんいん》したものこそ、青写真の力と言うべきでしょう。

青写真の力2――新たな創造《そうぞう》を果《は》たす

青写真の持つ第2の力は、それまで思い描《えが》くことさえできなかった、新たな創造を生み出す力です。そのような「青写真」のはたらきが端的《たんてき》に現れるのは、「発明」「発見」

の場面です。

人類は、多くの発明によって、新たな時代を開いてきました。

人類の歴史に影響《えいきょう》を与《あた》えるような偉大《いだい》な発明は、間違《まちが》いなく、その発明家に宿《やど》った青写真から生まれてきたものです。

人間の生活を豊かにしてきた文明の利器《りき》、車、鉄道、飛行機、様々な家電製品。その1つ1つが「こんなものがあったら」と誰《だれ》かがその青写真を見出《みいだ》したことで、次々にこの世界に現れてきました。

「もし、こういうものがあったら」「こんなことが実現したらどんなに素晴《すば》らしいだろう」

そのように、心に様々なことを思い描くことは本当に特別なことです。

人間は、はるか昔から、そのような想いを抱《いだ》いてきました。ときに、それは、周囲の人々を仰天《ぎょうてん》させるような突飛《とっぴ》な考えだったり、空想じみた理想にしか思えないものだったりしても、願いや理想が人間の歩みを牽引《けんいん》してきたことは間違いありません。

16世紀のルネサンスの天才、レオナルド・ダ・ヴィンチは、自らの手帳に、時代を超える斬新《ざんしん》なアイデアを数多くスケッチしています。計算機や戦車、ハンググライダー、ロボットやヘリコプターのようなものまであります。当時の人には、何のことかわからないものもあったでしょう。

でも、その後の時代、どれほど多くの人々が、彼が遺《のこ》したスケッチをワクワクする想いで眺《なが》めたでしょうか。過去のダ・ヴィンチが描いたものでありながら、人々が触発《しょくはつ》されていたのは未来――。そのスケッチにインスパイアされ、「生み出したい未来」をどれだけ想像したことでしょうか。そこには間違いなく、未来の青写真のかけらがあふれていたと思うのです。

２０２１年１月現在、世界で新型コロナウイルスのワクチンの研究開発が進められていますが、このワクチンという手法を確立したのが、19世紀フランスの化学者・細菌学者ルイ・パスツールです。

パスツールは、炭疽菌《たんそきん》に関するある奇妙《きみょう》な現象から、ワクチンの青写真を見出します。炭疽菌を牛に接種《せっしゅ》して発病《はつびょう》した牛の中で、完治する牛がいる。その牛に、より毒性の強い炭疽菌を接種しても発病しない。「軽い炭疽病にかかれば、免疫《めんえき》ができて、その後、感染しても完治するのだ」。そうひらめいたパスツールは、その後、実験を繰《く》り返し、菌を弱毒化して接種する予防接種法を確立しました。

パスツールだけではありません。様々な病の治療法も、医療器具や機械も、同じように誰かが見出した青写真から生まれてきたのです。

今から半世紀前、コンピュータは、まだいくつもの部屋を専有《せんゆう》してしまう巨大《きょだい》な機械で、天文学的に高価なものでした。

ところが、すでに1960年代から米国パロアルト研究所のアラン・ケイ氏は、個人のためのパーソナルコンピュータという概念《がいねん》を提唱《ていしょう》し、現在のペン付タブレットのようなコンピュータで子どもたちが遊んでいる様子を描いていたのです。

まさにそれは、未来のコンピュータの青写真でした。それから50年後、iPhoneやiPadが実現するまで、その青写真は時代を導《みちび》いてきたのです。

青写真にアクセスするために

青写真を発見し、受信する体験こそが、過去からの飛躍《ひやく》をもたらし、創造《そうぞう》の源泉《げんせん》を与《あた》えてくれます。

インスピレーション、ヴィジョン、ひらめき、天啓《てんけい》――。それらは、私たちが青写真、イデアと出会ったときの衝撃《しょうげき》であり、天との交感《こうかん》の体験にほかなりません。

その1つ1つがどのようなものかは、いかに言葉を尽《つ》くしても説明しきれるものではありません。論理や理屈《りくつ》を超えた全体的な直観《ちょっかん》とも言うべき体験であり、ときに、宗教者の神秘《しんぴ》体験、悟《さと》りの体験と重なるものでもあります。

そしてそれは、第1章で触《ふ》れた、私たちの心身が宇宙・自然の法則と共鳴《きょうめい》する「宇宙との響働《きょうどう》」でもあるでしょう。

探《さが》し求めていた解答を見出《みいだ》し、迷路《めいろ》のような現実に門が開かれ、宇宙の秩序《ちつじょ》を一瞬《いっしゅん》にして体得《たいとく》してしまう経験——。そこから、数え切れない新たな現実が結晶化《けっしょうか》され、新たな生き方が生み出されてゆくのです。

カオスを前にして、ゴールデンパスの行くべき先を明らかにすることは、そのような青写真に触れることによって成《な》し遂《と》げられるのです。

それは、決してたやすいことではありません。それでも私たちは、何とか、その青写真にアクセスしたいと願うのです。では、それはどのようにして成し遂げられるのか、そのための3つの心構えをお話ししたいと思います。

アクセスのための心構え1――青写真を信じる

青写真にアクセスするための第1の心構えは、事態《じたい》を前にして、それが本来そうなるべき姿《すがた》、青写真があることを信じ、念じることです。

信じるというのは、建前《たてまえ》として、とりあえずそういうことにしておくということとはまったく違《ちが》います。信じるとは確信するということであり、確信は、体験を通してしか深めることはできないのです。

炭疽病《たんそびょう》を克服しようとしたパスツールは、常識からは考えられなくても、病を引き起こす病原菌そのものを使うワクチンという青写真を信じて疑《うたが》いませんでした。

ケネディ大統領は、誰《だれ》も想像していなかった月面着陸という青写真を信じ、そこに向かう新たな扉《とびら》を開きました。

青写真を信じるか、信じないか。

その選択肢《せんたくし》は、実は、誰の人生にもしばしば生まれているのです。

主体的メーカーとして新商品を開発

「邦子《くにこ》さん。あなたならきっとできる。地方の中小企業の経営者であり、何もないところから、ゼロから始めて、箔《はく》の可能性を見出《みいだ》した創業者《そうぎょうしゃ》だからこそ、経団連《けいだんれん》の中で果《は》たせる役割があります。地域産業活性化のために、中央に地方の実状を伝える。それに女性としての視点《してん》で貢献《こうけん》すること――。それはあなただからできることですよ」

私がそう言って背中を押《お》させていただいたのは、金箔《きんぱく》を使った様々な製品を製造販売する会社、箔一《はくいち》の創業者として知られる浅野邦子《あさのくにこ》さん。

２０１６年1月、講演の終了後に、相談したいことがあるとのことでお会いしたとき、「経団連の審議《しんぎ》員の要請《ようせい》を頂《いただ》いたんですが、自分は地方の中小企業の経営者に過ぎず、学《がく》があるわけでもないのに、そんな役割は果たせないのではないでしょうか」と言われました。

それに対して、私が「そんなことはない」とお話しさせていただいたのが先の言葉です。

彼女は、それを受けて、引き受けることを決意。地方の中小企業の女性経営者として初めて経団連・審議員会副議長となり、その重責《じゅうせき》を見事《みごと》に果たされました。

その浅野さんは、まさに「青写真アクセスのための心構え1――青写真を信じる」という歩みをたどってきた方です。

金沢の伝統的工芸品である漆器《しっき》――。その装飾《そうしょく》のための金箔を提供する箔屋《はくや》に嫁《とつ》いだ浅野さんは、京都の出身。慣《な》れない土地でのストレンジャー体験は、地元の人には見えないものを見るまなざしを浅野さんに与《あた》えることになります。

箔屋は、伝統的な工芸品の生産を支《ささ》える裏方《うらかた》の1つで、何世紀にもわたって同じ仕事を極《きわ》められてきた方々です。

しかし、新たな環境《かんきょう》に身を置いて生活する浅野さんの中には、少しずつ疑問が広がっていました。

箔屋の皆さんの仕事は、きわめて質が高い。でも、どれほど懸命《けんめい》に働いても報《むく》われない――。浅野さんはそう感じてしまったのです。

大変な努力をしても、下支《したざさ》えで終わってしまう。そんな裏方の人たちが報われるようにできないのか。浅野さんが嫁いだのは箔屋の六男坊《ろくなんぼう》です。長男が大切にされる風習の中で、何とかしてご主人を盛《も》り立てたいという気持ちもありました。

そんな浅野さんの心に降《お》りてきたのが、「箔屋の技術で新たな商品をつくり、自ら販売する」という青写真でした。

しかしそれは、慣習《かんしゅう》とは一線《いっせん》を画《かく》すものです。そのアイデアを周囲《しゅうい》に話すと、皆が反対しました。箔屋の皆さんからは、「そんなことは、よそでやってほしい」と断《ことわ》られます。ご主人からもやめるように言われます。

浅野さんが思い描《えが》いた未来を、誰《だれ》も一緒《いっしょ》に見てはくれませんでした。孤立無援《こりつむえん》。けれども、浅野さんは、自分のその直感を否定することはできなかったのです。

「これはきっと青写真だ。きっとできる。それができれば、箔屋という裏方の私たちも、表舞台《おもてぶたい》に立つことだってできる――」

後年、浅野さんとお会いしたとき、私の中に突然《とつぜん》、当時のヴィジョンが訪れ、それをお伝えしたことがありました。

「今、見えましたよ。夕暮《ゆうぐ》れ、夕陽《ゆうひ》の差し込《こ》む誰もいない台所で邦子さんは、夕食《ゆうげ》の支度《したく》をしていた。ああ、天ぷらを揚《あ》げていたんですね。天ぷらの鍋《なべ》の前で、そのとき、ふと、あのアイデアをやってゆこうという想いがあふれてきた。誰も賛成《さんせい》してくれないけれど、それをやらなくちゃならない――」

「そう、そうです」

「あのときの夕焼けの光、部屋の匂《にお》い。邦子さんの、切ないけど際《きわ》だった決心。忘れられない、その全部が（私の心の中に）流れてきました。これが邦子さんの原点ね……」

浅野さんは、深く頷《うなず》いて、その人生の分岐点《ぶんきてん》、それからの道のりに想いを馳《は》せました。

浅野さんのもっとも深くにある想いを共有させていただいたときでした。

困難な事情を抱《かか》えていても、自分自身がスッキリとする——。

それが青写真の特徴《とくちょう》です。

その青写真を信じて、会社を興《おこ》し、自分のなけなしの貯金《ちょきん》をはたいて試作品やいくつかの商品をつくり、東京まで売り込みに出かけました。人手もなかったために、自分の両親に手伝ってもらっただけではなく、「年配《ねんぱい》の社員」として、自分の指示にあれこれ従《したが》ってもらい、何とか体裁《ていさい》を整えました。

伝統的な漆器に使うだけではなく、もっと現在の生活の中で、箔を生かした商品をつくれないか。その想いが発端《ほったん》となって、今までになかった箔を使った商品が生まれ、それが少しずつ受け入れられていったのです。

箔一の製品は、金沢金箔の伝統から出発して、現代的な工芸品、装飾品や空間装飾、建築素材《そざい》、お菓子《かし》や化粧品《けしょうひん》に至《いた》るまで広がっています。その挑戦《ちょうせん》は、過去には存在しなかった新たな箔製品をいくつも生み出しているのです。

それだけではありません。かつて金箔に関わる人たちは、箔屋さんも含《ふく》めて、様々な制作者や工房《こうぼう》から要請《ようせい》されて素材を提供していました。言うならば、受け身で下請《したう》けの存在だったのに、浅野さんは、自分たちが企画・立案《りつあん》した製品を積極的に生み出してゆく主体者になるという可能性を示しました。

多岐《たき》にわたる新しい製品と箔メーカーとしての主体性。そのいずれもが、過去の積み上げの中からは決して生まれてこなかった現実です。

つまり、浅野さんの実践《じっせん》には、**「青写真の力1——過去から飛躍《ひやく》する」**が現れているとしか言いようのないものです。

では、この力はどのようにして生み出されたのでしょうか。

それは、浅野さんの「青写真を信じる」という姿勢《しせい》の連《つら》なりの中から生み出されてきたものです。青写真をありありと描き、その成就《じょうじゅ》を心の底から願い、祈《いの》り心で、できることをすべて尽《つ》くしたとき、奇跡《きせき》のような道が開かれるのです。

そのように道を開かれてきた浅野さんは、今、以前にもまして「魂の学」を学び、その理論と実践を深められています。

アクセスのための心構え2――持続する意志《いし》

第1章でもお話ししたように、この世界は忍土《にんど》、何が起こっても不思議《ふしぎ》はない世界です。さらに今、私たちが生きている時代は、あり得《え》ないことが起こってしまう「まさかの時代」にほかなりません。

青写真を抱《いだ》くことなくその世界を生きてゆくとしたら、それは無謀《むぼう》に過ぎるかもしれません。なぜなら、**青写真＝イデアは、破天荒《はてんこう》の海の彼方《かなた》に輝《かがや》く灯台《とうだい》の光であり、混沌《こんとん》とした霧中《むちゅう》の頭上に輝く北極星《ほっきょくせい》と言えるからです。私たちにとって、確かな青写真を見《み》出《いだ》し、それをめざして歩むことが、どれほど重要でしょうか。**

しかし、その青写真にアクセスするためには、それを求め続ける意志の持続と、たゆまぬ探求《たんきゅう》の道のりが求められます。

ここに、青写真にアクセスするための第2の心構え――「持続する意志」が必要になるのです。

東日本大震災から生まれた新たなゴミ処理施設

新たなゴミ処理施設を生み出した環境科学の専門家・脇本忠明《わきもとただあき》さん（愛媛《えひめ》大学名誉教

授）の歩みは、まさにその「持続する意志《いし》」の大切さを教えてくれます（詳《くわ》しくは拙著《せっちょ》『最高の人生のつくり方』2章を参照）。

2011年、東日本大震災の後、沿岸地域《えんがんちいき》を埋《う》め尽《つ》くした瓦礫《がれき》の山を見た脇本さんは、愕然《がくぜん》としました。復興《ふっこう》のためには、これらの瓦礫を早急に処理《しょり》しなければならない。ところが、被災地《ひさいち》では津波《つなみ》の被害《ひがい》のために電源《でんげん》が失われ、なかなか処理を進めることができなかったのです。

「もし、ここに、瓦礫の可燃物を燃やして電気を生み出すことができる焼却炉《しょうきゃくろ》があったら……」。脇本さんの心の中に、これまで別々の施設として扱《あつか》われてきた「焼却炉」と「発電所」をつなぐという、起死回生《きしかいせい》の青写真が生まれます。

折《おり》しも、東海地方から南紀《なんき》、四国にかけては南海トラフ地震が、首都圏《けん》では直下型《ちょっかがた》地震が近い将来《しょうらい》に起こるという警告《けいこく》が喧伝《けんでん》されていたときです。

「焼却炉と発電所の機能を兼《か》ね備《そな》えたゴミ処理施設を準備することは、喫緊《きっきん》の課題ではないか――」

新しいゴミ処理施設は、時代の青写真の1つだと受けとめたのです。

わが国におけるダイオキシン研究の第一人者でもある脇本さんは、自らの研究を進める中で、「汚染物質の問題を解決しても、新たな汚染物質が現れれば、いたちごっこで終わってしまう。大本《おおもと》にある廃棄物《はいきぶつ》に目を向けなければならない」と考え、焼却炉についても研究を重ねてこられたのです。

だからこそ、震災を通じて新たなゴミ処理施設というテーマに行き着いたとき、この青写真を実現することは、自分の使命だと思いました。

しかし、いざその具現《ぐげん》に向かって動き出すと、途端《とたん》に壁《かべ》に突《つ》き当たります。

それは、縦割《たてわ》り行政《ぎょうせい》という弊害《へいがい》の中に現れた壁でした。

いくつかの省庁《しょうちょう》の知人たちに相談しても、すぐさま「むずかしい。実現は困難《こんなん》」という答えが返ってきました。「焼却炉は厚生労働省と環境省の管轄《かんかつ》。しかし、発電所は経済産業省の管轄。縦割り行政の中で、それを実現することは無理」という見解《けんかい》でした。

脇本さんは立ち往生《おうじょう》してしまいました。

青写真（理想）と現実の間には、大きな溝《みぞ》があるのです。

巨大《きょだい》な現実の壁を前に、脇本さんは立ち尽くしました。

「もう無理かもしれない」

壁に突き当たり、あきらめかけていた脇本さん――。

行き詰《づ》まりの気配《けはい》を感じた私は、急きょインターネットを使って脇本さんと緊急《きんきゅう》会議を行い、こうお話ししたのです。

「脇本さん、まだできることはいくらでもありますよ。『魂の学』のまなざしで、もう一度、新しいゴミ処理施設について点検してみてはどうでしょうか」と、具体的な29の視点《してん》を提案《ていあん》しました。

イノベーションとしての点検から、コスト・ベネフィットを確かめた上での実現性や電力政策としての可能性まで、視点はきわめて多岐《たき》にわたるものでした。

初めは意気消沈《しょうちん》して元気のなかった脇本さんですが、お話をする中で、みるみる様子が変わり、終わりの頃には、こうしてみよう、ああもしてみようと、身を乗り出すように話をしていらっしゃいました。

それから10日間、事態《じたい》の点検に取り組んだ脇本さんは、改めて全体を観《み》ることの大切さを痛感《つうかん》します。そして、「もう一度、挑戦《ちょうせん》してみよう」と再び立ち上がったのです。

中央省庁を説得しなければという考えを改め、関わりのあった愛媛県今治市《いまばりし》の課長に相談してみると、何と「ぜひ、やりましょう」という返事が来ました。

市長も非常に前向きに受けとめてくださり、「21世紀の今治モデルとして推進《すいしん》しよう」

三宝出版

出版案内

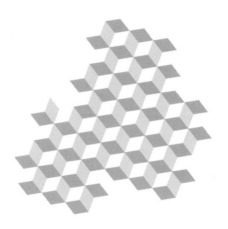

三宝出版

〒111-0034東京都台東区雷門2-3-10
Tel.03-5828-0600(代)
http://www.sampoh.co.jp

著者プロフィール

高橋 佳子（たかはし けいこ）

現代社会が抱える様々な課題の根本に、人間が永遠の生命としての「魂の原点」を見失った存在の空洞化があると説き、その原点回復を導く新たな人間観・世界観を「魂の学」として集成。誰もが、日々の生活の中でその道を歩めるように、実践の原則と手法を体系化している。

現在、「魂の学」の実践団体GLAを主宰し、講義や個人指導は年間三〇〇回以上に及ぶ。あらゆる世代・職業の人々の人生に寄り添い、導くとともに、日本と世界の未来を見すえて、経営・医療・教育・法務・芸術など、様々な分野の専門家への指導にもあたる。魂の次元から現実の問題を捉える卓越した対話指導は、まさに「人生と仕事の総合コンサルタント」として、各方面から絶大な信頼が寄せられている。

一九九二年から一般に向けて各地で開催する講演会は、これまでに延べ一五〇万人の人々が参加。主な著書に、『ゴールデンパス』『自分を知る力』『最高の人生のつくり方』『あなたがそこで生きる理由』『運命の逆転』『1億総自己ベストの時代』『希望の王国』『新・祈りのみち』（以上、三宝出版）ほか多数。

高橋佳子 著作集

●ゴールデンパス

――絶体絶命の中に開かれる奇跡の道

今、あなたが直面している試練や問題の中に、ひとすじの光り輝く道（ゴールデンパス）がある！

四六判並製　定価（本体1800円＋税）

●自分を知る力

――「暗示の帽子」の謎を解く

自分を知ること――それは人生最強の力。「自己診断チャート」であなたの心のタイプがわかる！

四六判並製　定価（本体1800円＋税）

●あなたが生まれてきた理由《わけ》

なぜあなたが今ここにいて、その現実と向き合っているのか。それを解き明かす原因と結果の法則――因果律がある。誰もが一度は抱く人生の疑問に答える一冊。

四六判並製　定価（本体1900円＋税）

●いま一番解決したいこと

人生の岐路に立たされた時や人間関係の悩みなど31の事例に、人生相談の形式で、解決への道を案内する。

四六判並製　定価（本体1800円＋税）

●人生で一番知りたかったこと

ということになりました。計画は、再び前に進み始めます。

そして、実現に向かって一歩前進したところで、ちょうど、別に進んでいた焼却炉建設計画が住民の反対運動で頓挫《とんざ》するという事件が起こります。

「これは、チャンスかもしれない――」

そう考えた脇本さんたちは、「焼却炉＋発電施設」というゴミ処理施設の青写真をさらに検討し直す中で、「焼却炉＋発電施設＋避難所《ひなんじょ》＋災害教育施設」という新たな青写真を掲《かか》げることにしたのです。敬遠《けいえん》されがちなゴミ処理施設を、住民の方々にとっても魅力《みりょく》ある施設とする青写真ができ上がりました。

早速《さっそく》、諮問《しもん》会議での了承《りょうしょう》を取りつけ、地域の方々に提案《ていあん》することにしました。

住民の皆さんは、新たな施設の青写真に感銘《かんめい》を受け、「これならぜひ、自分たちの地域につくってほしい」という声が上がったのです。

こうして、新しい施設の建設が決定。いくつもの壁を乗り越えて、ようやく実現に至《いた》ることができたのです。

脇本さんの実践《じっせん》には、**「青写真の力2――新たな創造《そうぞう》を果《は》たす」**が現れています。

そして、この力を生み出したものこそが、持続する意志だったのです。

脇本さんの願いが結晶化した今治市クリーンセンター（バリクリーン）の取り組みは、国土強靭化につながる自治体や企業、団体を表彰する「ジャパン・レジリエンス・アワード（強靭化大賞）2019」で、全エントリーの中からグランプリ（最高賞）に選ばれた。

実は、この施設に関わる何年も前から、脇本さんは透析治療《とうせきちりょう》を始めていたばかりか、この数年はがんを患《わずら》い、幾度《いくど》も手術を受けていました。

困難があっても青写真を求め続け、持続する意志によって尽力《じんりょく》し続けた結果、新しいゴミ処理施設の建設がスタート。脇本さんが思い立ってから8年目の2018年3月末、ついに今治市クリーンセンター（バリクリーン）として稼働《かどう》を始めたのです。

この今治市クリーンセンターの取り組みは、「ジャパン・レジリエンス・アワード（強靭化大賞《きょうじんかたいしょう》）2019」で、グランプリ（最高賞）を受賞しました。

持続する意志をもって、最終的な青写真を求め続け、その青写真に向かう歩みを重ねてゆくこと――。それこそが、新たな創造を導《みちび》く力の源泉《げんせん》なのです。

アクセスのための心構え3――必然の自覚を持つ

最後に、青写真アクセスのための第3の心構えについてお話ししましょう。

それは、あなたは、たまたま意味なく、そのカオスと出会っているわけではない。今、そのカオスと出会っていることには、偶然《ぐうぜん》を超えた必然がある。その「必然の自覚」を持つということです。

そして、そのカオスを青写真に結晶化《けっしょうか》させるのは、ほかの誰《だれ》でもなく、「自分自身である」と受けとめることです。

あなたが今、出会っているそのカオスは、自身を本来の形に結晶化させ、青写真を取り出してもらう人として、あなたという人を選んだ――。そのカオスは、あなたを目がけてやってきたということなのです。

その気持ちを持って、「私は、目の前の事態《じたい》をどうしたいのか」「このカオスをどこに運び、どういう未来をつくりたいのか」、自分自身の魂に刻印《こくいん》するつもりで取り組んでみていただきたいのです。

なぜなら、あなたがそのカオスと出会っている必然には、もう1つの意味があるからです。1つ1つのカオスに託《たく》された青写真を求めてゆくとき、同時にそこには、あなたの人生の使命に応《こた》えてゆく道が開かれてゆくからです。

日常的《にちじょうてき》なカオスの青写真に応え続けてゆくと、やがて、その小さなカオスの青写真は、もっと大きなカオスの青写真を引き出そうとします。拙著《せっちょ》『最高の人生のつくり方』の中で書かせていただいた、人生の岐路《きろ》に現れるグレートカオスです。

グレートカオスとは、10年に一度現れるような巨大《きょだい》なカオスで、その後の人生を左右し、あなたの人生の使命につながっているものです。

このように、日々のカオスに応《こた》えてゆく中で、人生のテーマ、人生の目的と使命が浮《う》かび上がってくるのです。

これからご紹介する森谷太佳夫《もりたにたかお》さん（元スーパーマーケット経営者）の実践《じっせん》は、青写真へのアクセスにおける「必然の自覚を持つ」という心構えの深淵《しんえん》さを、私たちに教えてくれるものです。

3つの「ち」――青写真へのアクセスを阻《はば》む心の歪《ゆが》み

森谷《もりたに》さんの実践《じっせん》をお話しする前に、青写真へのアクセスを阻む3つの「ち」について、少し触《ふ》れておきたいと思います。

めざすべき青写真＝目的地を発見することは、ゴールデンパスを見出《みいだ》すことの半《なか》ばに当たると言えるほど重要です。しかし、青写真を求めるとき、ネックとなるものがあります。人が抱《かか》える心の歪みです。もし、心が歪んでいれば、そこに映《うつ》る青写真も歪んでしまい、ときに青写真を映すことさえできなくなってしまいます。

そして、誰《だれ》1人例外なく、心に歪みを起こす3つの「ち」という人生の条件を背負《せお》わ

3つの「ち」

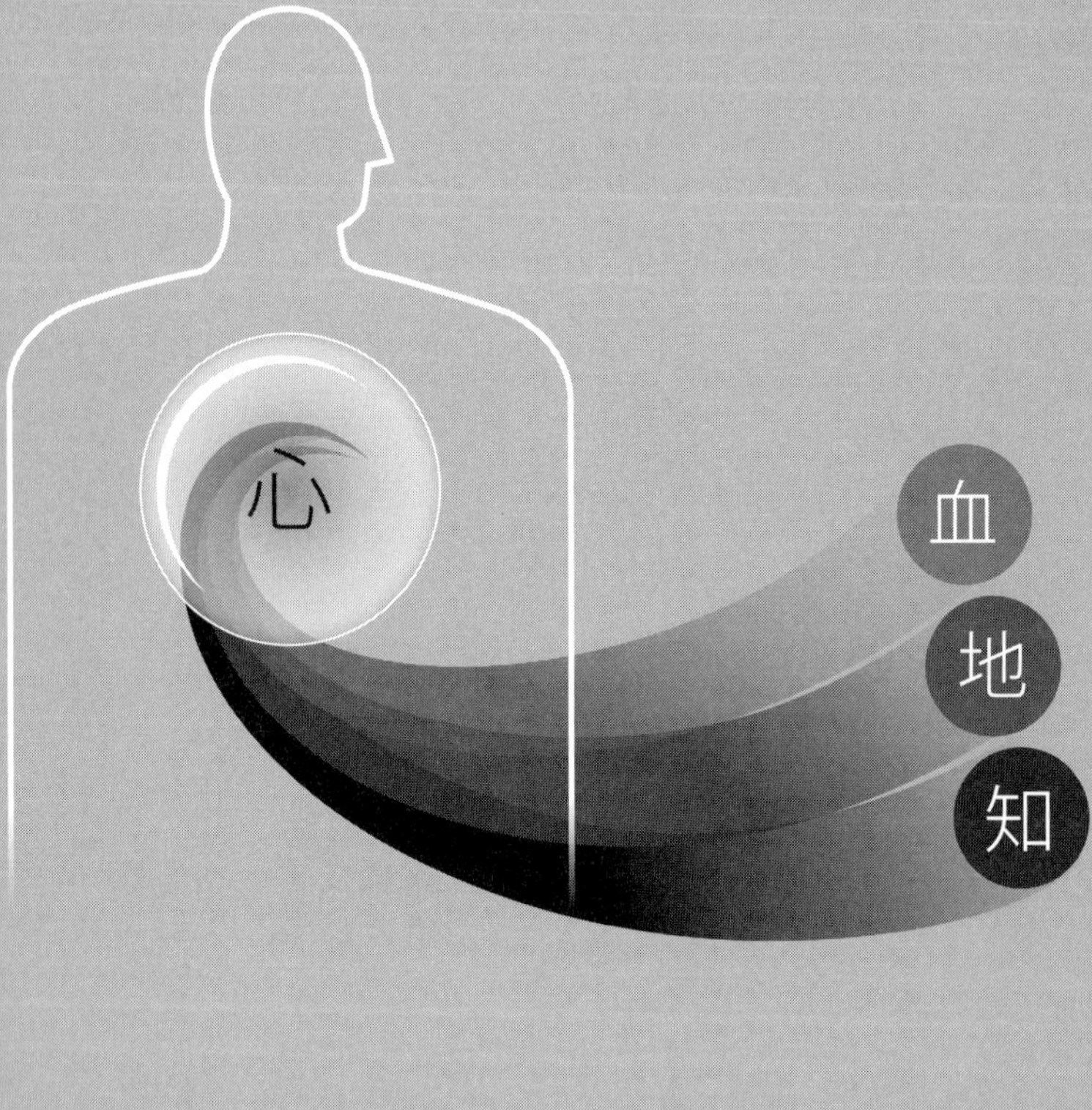

図7

なければなりません。
私たちは、まずこの3つの「ち」の呪縛《じゅばく》を知る必要があるのです。

3つの「ち」とは、「血」「地」「知」(図7)。

「血」は、両親や家族から流れ込《こ》んでくる価値観や生き方。家庭内で繰《く》り返されていた両親の口ぐせやつぶやき。私たちは、それらをごく自然に自分のものにしてゆきます。

「地」は、地域や業界から流れ込んでくる慣習《かんしゅう》や前提《ぜんてい》。地域で暗黙《あんもく》のうちに共有されていた価値観や業界内の常識《じょうしき》も、気づかぬうちに私たちを支配《しはい》しているものです。

「知」は、時代から流れ込んでくる常識や価値観。誰もがもっとも無自覚に従《したが》っているものが、この時代の尺度《しゃくど》や価値観、常識です。

これら1つ1つの実態は、言葉で表せないほど複雑《ふくざつ》で多岐《たき》にわたっています。

人は、この3つの「ち」がなければ生きてゆくことはできません。3つの「ち」があるから、私たちは生きる手立てを得《え》ます。しかしその一方で、その3つの「ち」によって、心に傾《かたむ》きが生まれ、歪みが生じてしまうのです。

光も闇《やみ》も含《ふく》めて、3つの「ち」の総体は、その人の生《お》い立ち全体に現れていると言えるものです。

呼びかけカオスの到来《とうらい》

森谷《もりたに》さんも、自らが引き受けた3つの「ち」によって、心に歪《ゆが》みを抱《かか》え、様々な困難《こんなん》を背負《せお》うことになりました。

森谷さんの実家は、北陸地方でスーパーマーケットを営《いとな》んでいました。祖父の代はまだ小さなスーパーでしたが、父親の代になってから、バブル景気を背景《はいけい》に事業を拡大《かくだい》。店舗《てんぽ》を増やしてチェーンとなり、富山県で5店舗を有《ゆう》し、県内で4番目のチェーンに成長したのです。

その3代目として生まれたのが森谷さんです。

大学を卒業した森谷さんは、北陸のスーパーチェーンに2年ほど勤務《きんむ》し、2001年に実家のスーパーに入社。

当時、順調に業績《ぎょうせき》を伸《の》ばしていた会社は、2005、6年に業績のピークを迎《むか》えたのも束《つか》の間《ま》、2008年のリーマンショック以降は一転して業績が悪化、大きな試練を迎えます。さらに追い打ちをかけるように、近隣《きんりん》に、競合《きょうごう》する県内の大手ディスカウントストアが2店舗も出店してきました。

森谷さんは、入社以降、精肉《せいにく》・青果《せいか》の担当、海産チーフ、副店長を経験し、主要店の店長になり、病気がちだった父親に代わって、営業面ではすでに陣頭指揮《じんとうしき》を執《と》るようになっていました。

そして、その森谷さんの前に、競合店の出店という呼びかけカオスが現れたのです。そのカオスに応《こた》えるにあたって大きな障害《しょうがい》となったのが、森谷さんに流れ込《こ》んだ3つの「ち」でした。

3つの「ち」の呪縛《じゅばく》——3代目の跡継《あとつ》ぎとして

森谷《もりたに》さんが引き受けた3つの「ち」——。何と言ってもそれは、3代目の跡継ぎとして生まれたことです。

森谷さんに注《そそ》がれる周囲《しゅうい》の期待は、大変なものがありました。

まず、創業者《そうぎょうしゃ》の祖父から大変に溺愛《できあい》されました。

幼《おさな》い頃より、父親からは「お前は、これからずっと他人《ひと》のまなざしを受けることになるんだ」と言われ、母親からは、東京まで連《つ》れて行かれて慶應義塾《けいおうぎじゅく》大学の正門前で「あなたはこの大学に入るのよ」と言われたほどでした。

幼稚園《ようちえん》時代から空手、水泳、ギターなど、様々な習いごとを勉強と並行《へいこう》して続けていた森谷さんは、まさに両親が敷《し》いたレールの上を進み、無意識にもそこに憧《あこが》れを感じ、期待に応《こた》えたいと思ってきたのです。

しかし、同時に、「自分は特別。周囲とは違《ちが》う。自分はできる。わかっている」という特別意識、優位《ゆうい》の意識を強めてゆきました。ものごとにすぐに「成功のサイン」を見てしまう傾向《けいこう》です。

小学生のときは成績優秀。学校の試験や勉強で他人に勝ったり、学級委員に選ばれたりして、順調な学校生活が、その傾向を後押《あとお》ししたでしょう。

周《まわ》りのまなざしにも敏感《びんかん》になり、高校生の頃、友人とバンドを結成し、1年生の冬休みに初ライブを開いたときは、100人以上の人が会場に来てくれて、森谷さんたちの演奏《えんそう》に歓声《かんせい》を送ってくれました。

「とにかく目立って注目《ちゅうもく》されたい、より強い刺激《しげき》がほしい。ここが俺《おれ》の居場所《いばしょ》だ。これで俺も名前が売れる！」

ますます勢いづく特別意識と優位の意識。

しかし、一方で、その意識が人間関係を壊《こわ》してゆくのです。

たとえば、小学校6年のとき、森谷さんは幼《おさな》なじみの2人の友人と喧嘩《けんか》し、まったく口を利《き》かない状態になってしまいました。喧嘩の原因は、森谷さんが2人の弱みを握《にぎ》り、それによって上下関係をつくろうとしたことでした。

「俺の言う通りにしろ。俺は周りの皆とは違うんだから」

当時の森谷さんにとってはごく自然だったその想いに、2人は猛《もう》反発。

下校時にいきなりなぐられるという事件が起こったのです。

特別意識、優位の意識を抱《いだ》いている人は、できない自分を認めることができません。自分の弱点を引き受けることができず、失敗から学ぶこともできません。

森谷さんもそうでした。森谷さんは、自分が特別でいられず、優位になれず、他人に勝てないような状況《じょうきょう》はないことにしてしまいます。

幼い頃から習っていた空手は、中学までは大会に出ると勝ち続け、富山県のチャンピオンと言えるほどの成績を残しました。ところが、高校生になると次第《しだい》に勝てなくなり、勝てなくなった途端《とたん》、興味《きょうみ》が失《う》せ、空手をやめてしまったのです。

森谷さんの人生は、次第に軌道《きどう》を外《はず》れてゆくことになります。

中学2年生の夏休みに、こんなことがありました。

友だちの家に泊《と》まりに行き、真夜中に皆でビールを飲んで、別の友人の家に遊びに行く途中《とちゅう》、警官に呼び止められ、深夜徘徊《はいかい》で補導《ほどう》されてしまいます。

翌日、両親と一緒《いっしょ》に、学校の教頭から厳《きび》しく叱《しか》られました。

しかし、そのときの森谷さんの気持ちは、「今さえ楽しければそれでいい」「これくらい何とかなるだろう」。その程度《ていど》にしか思っていなかったのです。

東京駅での運命的出会い

高校生になると、さらに問題を抱《かか》えるようになります。

当時のヘアスタイルは、頭の中央に剃《そ》りが入り、まるで火口を取り囲むように金髪《きんぱつ》の毛が生えているボルケーノヘアとでも呼ぶべき奇抜《きばつ》なものでした。

森谷《もりたに》さんが大学1年のとき、私は、森谷さん母子《おやこ》と東京駅のホームでばったり出会いました。私は講演のために仙台に向かう途中《とちゅう》で、森谷さんたちも私の講演会に参加するために新幹線《しんかんせん》に乗るところだったのです。

母親に連《つ》れられていた森谷さんは、そのとき18歳。このときは髪《かみ》の毛が爆発《ばくはつ》したようなアフロヘアで、まっすぐに立っているのではなく、横に大きく姿勢《しせい》を傾《かたむ》けている奇妙《きみょう》な格好《かっこう》でした。ほとんど反応もなく、他の人が見れば、心配な若者という印象だったかもしれません。

そんな森谷さんがなぜ私の講演会に行こうとしていたのでしょうか。

それは「もし参加するならお小遣《こづか》いをあげる」と母親に言われたからでした。普段《ふだん》の森谷さんなら、この出会いも、日常《にちじょう》の中にたまたま現れた、通りすがりのすれ違《ちが》い。何の意味もない出来事として、忘れられていったに違いありません。

しかし、森谷さんは、日頃感じたことのない不思議《ふしぎ》な気持ちを抱《いだ》くことになったのです。

このとき、私は森谷さんにこうお伝えしました。

「あなたの人生の道はきっと変わると思う。世界や人生は抽象的《ちゅうしょうてき》なもので、ただそこにあるだけのもの、そう考えているかもしれない。でも、そうじゃない。あなたの歩みに具体的に応《こた》えてくれるものなのよ……。ぜひ、(GLAの)青年塾《じゅく》にいらっしゃい」

すると、森谷さんの心の中からこんな想いが湧《わ》き上がりました。

「人生の願いも目的もなく、親におんぶに抱《だ》っこで生きている。こんなだらしない格好で生きている自分が恥《は》ずかしい」

なぜかわからない。でも、このとき、森谷さんは、私との間に見えないつながりを強く感じてしまったのです。

森谷さんにとって、この出会いは、運命的な出会いであったと言ってもよいでしょう。これが人生の大きな転機となり、翌年《よくねん》には、GLAの「青年塾セミナー」に参加。以降、青年塾で15年以上、「魂の学」の研鑽《けんさん》を重ねることになるのです。

人間は、永遠の生命を抱く魂の存在であり、誰《だれ》もが様々な人生の条件を背負《せお》い、それゆえの不自由さを抱《かか》えながらも、その中から魂の願いを見出《みいだ》し、人生の目的と使命を果《は》たそうと歩んでゆく——。

心と現実のつながり、カオス発想術《じゅつ》を学びながら、人間と世界との関係を深く知ってゆきました。森谷さんの人生は大きく変わっていったのです。

2店舗を売却、従業員100名をリストラ

ここで、冒頭《ぼうとう》にお話しした競合店《きょうごうてん》の出店《しゅってん》という呼びかけカオスに話を戻《もど》しましょう。

それまで、森谷《もりたに》さんのスーパーは、付近《ふきん》に競合する店がなかったため、独占状態《どくせんじょうたい》で営業を続けていました。

しかし、状況《じょうきょう》は大きく変わります。出店してきたディスカウントストアは、低価格で

商品を販売する業態《ぎょうたい》で、当然、価格競争をしかけてきました。

突然《とつぜん》現れたカオスに対して、営業の陣頭指揮《じんとうしき》を執《と》っていた森谷さんはどう対応したのでしょうか。

もともと特別意識、優位《ゆうい》の意識を持っていた森谷さんです。すぐに「成功のサイン」を見て、事態《じたい》を歪曲《わいきょく》してしまう傾向《けいこう》も残っています。

当時の森谷さんの気持ちは、「自分たちは老舗《しにせ》のスーパー。安売り店よりも自分たちの方が上。負けるわけがない」。

「いったい、この事態の呼びかけは何だろう。どのように向き合うことが青写真なのか」と自分に問いかけることもなく、具体的なリスクを点検し、対応を準備することもありませんでした。

それだけではなく、すぐに誰《だれ》かを頼《たよ》って、「他人事《ひとごと》のサイン」を見てしまう依存《いぞん》の意識もあったのです。

「自分は営業担当。財務《ざいむ》のことはよくわからないし、社長と一緒《いっしょ》にやってきた番頭《ばんとう》さんに任《まか》せておけばいい」

その結果、必然的に出てきた結論は――

「価格は下げたくないけれど、それしか方法がない」

森谷さんは、相手がしかけてきた価格競争に乗ってしまったのです。深く吟味《ぎんみ》して判断するのではなく、番頭さんの意見に何となく従《したが》ってしまいました。

相手は、もともと価格競争が強みの会社です。ディスカウントのための仕入れ先も、安売り戦略《せんりゃく》もノウハウも、格段《かくだん》に上回っている。にもかかわらず、価格競争に乗るということは、お客様に「自分たちの店は価格で勝負します」と宣言《せんげん》したということです。勝てるはずがありません。

その結果、売上はさらに減少してゆきます。もちろん、リーマンショック以降の消費低迷《ていめい》も、その一因《いちいん》だったかもしれません。

売上は50億から38億円まで下がり、赤字の2店舗を売却《ばいきゃく》。不本意ながら従業員100名のリストラを決断せざるを得《え》ませんでした。

森谷さんのスーパーは、家族的な雰囲気《ふんいき》を持った会社でした。ましてや数年前まで順調に成長してきた中でのリストラは、多くの社員にとって想像もしていなかった未来だったでしょう。

リストラの断行《だんこう》は、経営を継続《けいぞく》するためでしたが、不満が噴出《ふんしゅつ》し、社員からの突《つ》き上げや罵倒《ばとう》にさらされた社長は、心労《しんろう》を重ねてゆきます。

しかも、2店舗の閉鎖《へいさ》により、売上は20億円にまで減少し、経営状態はますます厳《きび》しくなっていったのです。

必然の自覚――最大の人生の転機

そのような中、森谷《もりたに》さんにとって、最大の人生の転機が訪れます。

それは、長い間、自分の前を歩み、社長として会社を導《みちび》いてきた父親の突然《とつぜん》の死――。

もともと心臓の弱かった父親は、社員からの厳《きび》しい突《つ》き上げにあい、会社の資金繰《ぐ》りの重圧を背負《せお》った結果、心筋梗塞《しんきんこうそく》で倒《たお》れてしまったのです。

父親の亡骸《なきがら》に向き合ったとき、森谷さんは、泣き崩《くず》れました。

十分な力になれなかった――。そのことを悔《く》いました。

しかし、同時に、すぐに気持ちを立て直したのです。

「これからは、自分が背負《せお》わざるを得《え》ない」

「この試練の呼びかけは何なのだろう」

森谷さんは、父親の跡《あと》を継《つ》いで社長を引き受けようと決心しました。

当時、森谷さんは、すでに会社の専務《せんむ》として大きな責任《せきにん》を担《にな》っていました。

しかし、専務と社長では、気持ちがまったく違《ちが》う。そこには雲泥《うんでい》の差があったのです。専務のときは、たとえ責任を背負っていても、自分が「最後の1人」という感覚はありませんでした。

そのとき、森谷さんは35歳。父親が健在《けんざい》なら、会社を継がないという選択もあったかもしれません。その森谷さんに、社長を引き受けるという選択をさせたものは何だったのでしょうか。

それが、「自分は、たまたま意味なく、そのカオスと出会っているわけではない。今、そのカオスと出会っていることには、偶然《ぐうぜん》を超えた必然がある」。この「必然の自覚」だったのです。

森谷さんの中にあった必然。それは、具体的には、2つの気持ちでした。

1つは、自分は15年にわたって、青年塾《じゅく》で研鑽《けんさん》を重ねてきた。その自分が会社を引き受けることによって、「お前の青年塾での実践《じっせん》は本物だったのか。本当に神理《しんり》は力を持つものなのか。その答えを出しなさい――」と呼びかけられていると感じたのです。

もう1つは、それまでは、この会社の社長として成功することが自分の人生の目的だと漠然《ばくぜん》と考えてきた。しかし、もしかしたら、10年後、20年後の自分の人生はどうなっているかわからない。でも、これからの人生で必要とされる境地《きょうち》と智慧《ちえ》が必ずある。未来の自分のために、その境地と智慧を学ぶために、今、この試練と出会っているのではないか——。

森谷さんの中に、このカオスと向き合う強い必然が喚起《かんき》されてゆきます。

そして、森谷さんは社長を引き受けることになったのです。

志《こころざし》のバトンを引き継《つ》ぐ

では、森谷《もりたに》さんは、どのように会社を引き継いでいったのでしょうか。

父親の葬儀《そうぎ》のとき、訪れた人たちが囁《ささや》いていたことを森谷さんは覚えています。

「あれだけ元気のない店は持たない。どう考えても、早晩《そうばん》つぶれる……」

会社の状況《じょうきょう》は、さらに厳《きび》しくなっていました。残った2つの店舗《てんぽ》の1つを閉《し》めざるを得なくなったのです。最後の1店舗——ショッピングセンターの中にテナントとして入っていた店舗に集中するしかありません。

そのときの負債《ふさい》は12億円。未払いの退職金も重くのしかかっていました。

その重圧は、森谷さんにとって、半端《はんぱ》なものではなかったでしょう。

必然をもって引き受ける決断をした森谷さんでしたが、実際に歩み出してみると、その困難《こんなん》の重さは、当初の予想をはるかに上回るものでした。

押《お》しつぶされるほどの重力――。

その圧力のもとで最初、森谷さんは、目の前の事態《じたい》をカオスと受けとめることはとてもできませんでした。圧迫《あっぱく》しか感じられなかったのです。

どこかに「これは自分がつくった借金じゃない」という被害者《ひがいしゃ》意識もありました。

あまりのマイナスの現実を目の前にして、引き受けかねる想いが生じたのです。

悶々《もんもん》とする日々を過ごす中、森谷さんにとって、私との出会いが新たな転機となりました。

お父様《とうさま》が急逝《きゅうせい》されたこともあり、私は、森谷さんの状況を案じていました。

――今、森谷さんは大きな人生の岐路《きろ》にある。ある意味で、人生最大の試練とも言えるだろう。この状況に森谷さんがどういう気持ちで向き合ってゆくのかが決定的――。

私は呼びかけを感じ、森谷さんとの出会いのときを持ちました。

森谷さんがこれから応《こた》えてゆかなければならない試練に対して、その心構えと励《はげ》ましをお伝えしたのです。

そのことをお話ししている最中のこと――。突然《とつぜん》、森谷さんの亡きお父様の魂の気配《けはい》を感じました。何か、どうしても息子に伝えなければならないことがある様子で、私を通じて、息子さんにメッセージを送ってこられたのです。

突然と申し上げましたが、私が多くの方々の人生の歩みに伴走《ばんそう》させていただく中で、その歩みに深く関わるヴィジョンがもたらされたり、その方と縁《えん》のある亡き魂が想いを送ってきたりすることがしばしば起こります。

私たちの人生は、1人ひとりが別々に勝手に歩んでいるのではなく、常《つね》に見えない世界と共に歩んでいるものなのです。

私にもたらされるのはそのしるし――。それを伝える役割が与《あた》えられているのだと感じています。

森谷さんのお父様は、心から悔《く》い詫《わ》びる想いを伝えてきました。

――突然、倒れてしまった。会社の惨状《さんじょう》をどうすることもできないまま、あとをお前に押しつけることになってしまって……。迷惑《めいわく》をかけた。本当にすまない。――

少ない言葉でしたが、そのエネルギーは痛切《つうせつ》なものでした。

死に目にも会えなかった父親の言葉を聞いて、森谷さんは心が定まりました。これまでの歩みを振り返り、「かつて順調だったときにもっと準備できたことがあったはず――」。その後悔《こうかい》を心に刻《きざ》もうと思いました。

そして、「父親の後悔を受けとめ、志のバトンを引き継いでゆこう」と新たな一歩を踏《ふ》み出したのです。

「このカオスは、まさに自分めがけてやってきたもの。自分が引き受けなければ、その青写真を引き出すことはできない」。必然の自覚は、なお一層《いっそう》の切実さを持って、森谷さんの心を鼓舞《こぶ》してゆきます。

森谷さんは、青写真を信じてアクセスを始めたのです。

青写真へのアクセス――先達《せんだつ》から学ぶ

これまで「魂の学」を実践《じっせん》してきた多くの先輩《せんぱい》たちの歩みも、新たな社長となった森《もり》谷《たに》さんに大きな示唆《しさ》と励《はげ》ましを与えました。

たとえば、神戸でホームセンターを経営する安黒嘉宣《あぐろよしのぶ》さん。

安黒さんは、先代から継《つ》いだ会社を大きく発展させた力のある経営者です。

しかし、ワンマンでトップダウンの経営を続けるあまり、いつしか人間関係が硬直化《こうちょくか》し、社員の自主性や活気が失われていたのです。

安黒さんは、「魂の学」の研鑽《けんさん》によって、社員の想いを大切にしたボトムアップ経営に転換《てんかん》し、見違《みちが》えるほど会社を変えることができました。

森谷さんは、「わが社も、今までトップダウン的な経営を続けてきた。しかし、社員の想いを大切にした意思集約型の経営に転換することで、この難局《なんきょく》を乗り越えることができるのではないか」と考えました。

そして、実際に安黒さんのホームセンターを訪問。現場のエネルギーを目の当《まあ》たりにし、安黒さんからも大きな励ましを受けて、ますます実践への決意を高めたのです。

京都で神社のしめ縄《なわ》や各種ロープの卸《おろし》を400年続けてきた老舗《しにせ》の経営者、野々内達雄《ののうちたつお》さん（拙著《せっちょ》『魂主義という生き方』「第2の自分革命」参照）は、時代の変遷《へんせん》の中で、業績《ぎょうせき》の低迷《ていめい》という試練に見舞《みま》われながら、業態《ぎょうたい》を変えることによって、自社製品を製造・販売する第2創業《そうぎょう》を果《は》たしました。

森谷さんは、野々内さんから、3つの「ち」による経営ではなく、未来からの要請《ようせい》を見すえた経営判断を学びました。

また、父親の急死で運送会社を引き継《つ》いだ後、バブル崩壊《ほうかい》によって経営難に陥《おちい》り、絶《ぜっ》体絶命《たいぜつめい》の危機を経験した北川盛朗《もりお》さん（33ページ参照）。

北川さんは、会社を閉めることを決断します。でも、閉めるにも閉め方があると、退社するすべての社員の転職を世話し、その先を見届《とど》けてゆきました。しかし、最後に残った社員が会社の再生を発心《ほっしん》し、一丸《いちがん》となって再生をめざした結果、驚《おどろ》くべきことに、最終的に整理回収機構からの自立を果《は》たしたのです。

森谷さんは、北川さんの実践に、「たとえ会社を閉じなければならなくなったとしても、それで終わりではない。そこにも最善《さいぜん》の道がある」ということを学びました。

その中で、森谷さんがまず取り組んだのは、すべてを自分が決めるトップダウンの経営から、社員の意思が反映《はんえい》されるボトムアップ型経営への転換でした。

すると、社員から様々な意見が出るようになり、社員それぞれが主体的に改善《かいぜん》に取り組むことによって、お客様に歓《よろこ》んでいただく体験をします。その結果、店舗《てんぽ》の雰囲気《ふんいき》が大きく改善しました。

次に取り組んだのは、従業員の意志《いし》が引き出されるように、同業者から「おーっ！」と驚かれるくらい、おしゃれな店舗にリニューアルすることです。

予算はほとんどありません。ところが、驚くほど安価で質の高い改装《かいそう》を引き受けてくれる業者が現れ、予想以上にステキな店舗ができました。

また、シャッターが閉《し》まっていたテナントにホームセンターが入ったこともあり、ショッピングセンター自体が活性化《かっせいか》。顧客層《こきゃくそう》も、高齢者《こうれいしゃ》中心からファミリー層まで広がることになりました。

森谷さんの心が定まり、青写真に近づいてゆく中で、様々な助力が現れてきたのです。それは、世界との共振《きょうしん》が始まった1つのしるしでもあります。

さらに、「自分たちがやりたいこと、守らなければならないことの軸《じく》がぶれないようにしよう」と心を定め、安売り戦略には乗らず、生鮮品《せいせんひん》や惣菜《そうざい》に力を入れて独自《どくじ》の価値を追求してゆきました。

こうした取り組みの結果、低迷状態《ていめいじょうたい》を脱《だつ》し、目標の利益率《りえきりつ》と売上をほぼキープできました。立て直しの目処《めど》を初めて立てることができたのです。

たった1つの暗転因子《いんし》

しかし、森谷《もりたに》さんの実践《じっせん》はそれで終わりではありませんでした。

ようやく一歩を踏《ふ》み出し、これからいよいよ再建《さいけん》に向かうというとき、あるデベロッパーから、森谷さんの会社がテナントに入っているショッピングセンター全体を買収《ばいしゅう》したいという申し出があったのです。

森谷さんの会社は、このショッピングセンターのキーテナントです。

また、森谷さん自身がテナントで構成される運営会社の筆頭株主《ひっとうかぶぬし》で役員であったこともあり、真《ま》っ先《さき》に打診《だしん》がきました。

買収の提案《ていあん》には、森谷さんのスーパーの社員は全員、新たにテナントに入るスーパーが雇用《こよう》するという項目《こうもく》がありました。ただし、店舗を閉鎖《へいさ》し、会社を閉《と》じること、そして森谷さんが自己破産《じこはさん》することが条件だったのです。

「そんな話はあり得《え》ない。やっと光転の兆《きざ》しが見えてきたんだから」

最初は当然、門前払《もんぜんばら》いを決め込《こ》もうと思いました。

しかし、その一方で、「このショッピングセンターはこの先、10年、20年、今のままでやってゆけるのだろうか。もしかしたら、会社の経営主体を譲《ゆず》った方がよいのではないだろうか……」。そういう考えが脳裏《のうり》をよぎったのです。

森谷さんの会社は、これまでの経緯《けいい》の中で、多額の負債《ふさい》を背負《せお》っています。自己破産の件は、買収する先方が、そうした負債のリスクを解消《かいしょう》しておきたいということだったのです。

森谷さんは、集中して様々な状況《じょうきょう》に想いを巡《めぐ》らしました。

しかし、いくら考えても、1つの考えしか浮《う》かび上がってこなかったのです。

買収を受け入れれば、ショッピングセンターの今後の可能性が広がるだろう。テナントの皆さんも安心できる。社員の生活も守られる。取引先には迷惑《めいわく》をかけることになるが、このままの状態《じょうたい》で推移《すいい》すればさらに大きな迷惑をかけてしまうかもしれない。

「よく見てみれば、このカオスの中にあるのは、ほとんど光転因子ばかりだ。唯一《ゆいいつ》の暗転因子は、自分自身の自己破産だけ。もし、自分がそれを選択するなら、このカオスにある多くの光転因子が現実化する。ならば、自分の暗転など、どうでもよいではないか――」

森谷さんはそう思ったのです。

その結果、森谷さんは、その条件を呑《の》んで、会社を閉じ、ショッピングセンターを売却することに同意しました。この先には、社長という立場の放棄《ほうき》と、自己破産という試練が待ちかまえていることを知ってなお、それらをすべて呑み込《こ》んでの判断です。

このときの森谷さんの気持ちは、察《さっ》するに余《あま》りあるものです。森谷さんがこの決断をしようとしたとき、私のところに報告に来てくれました。顔を合わせた途端《とたん》、森谷さんの目から涙《なみだ》があふれました。

「……申し訳《わけ》ありません」

「本当に大変だったね。よくやってきました。でも、社員の皆さんのこと、そしてご迷惑をおかけした方々のことを決して忘れてはいけませんよ。

これまでの歩みを振り返り、後悔《こうかい》を残したことは、必ず次のチャレンジで乗り越えられるように努めてゆこう。それが恩返《おんがえ》しですよ……」

私も、森谷さんも、一緒《いっしょ》にくしゃくしゃになって泣きました。

2015年9月、感謝とともに、社員1人ひとりに志半《こころざしなか》ばで店を閉《と》じることをお詫《わ》びし、その方針《ほうしん》と今後の計画を手紙で説明。すると、10名ほどの幹部社員がやってきて「社長の気持ち、わかりました。1番つらいのは社長だと思います。われわれとして、誇《ほこ》りのある閉《し》め方をしましょう」と言ってくれました。

翌10月の閉店の日、社員70名全員に、退職金とともに給料の全額を渡すことができました。そして、すべての社員を、かつてしのぎを削《けず》った競合先《きょうごうさき》のショップに引き取って

大学1年のとき、東京駅で偶然のように著者と出会った森谷さんは、目に見えない不思議なつながりを強く感じ、「魂の学」を学び始めた。以来、著者は、事あるごとに森谷さんに深く関わり、その人生の方向性を示し、導き続けている。

いただくことができました。

新しい職場に移った皆さんは、今、それぞれの場の責任者となって意欲《いよくてき》的に働いていています。

最終的な負債《ふさい》は9億円。債権者《さいけんしゃ》は100社ほどあったのですが、その後、裁判所《さいばんしょ》で開かれた3度の債権者集会に出席した会社は、結局1社もなかったそうです。それどころか、閉店翌日の午前、10社ほどの取引先の皆さんが、用もないのにわざわざ会社を訪れてくれました。債権者でもあった方々が森谷さんを訪れ、励《はげ》ましてくださったのです。

「よく頑張《がんば》られました。うちも被害を被《こうむ》りましたが、それはもう気にしないでください。社長、これからも頑張ってください」

森谷さんの選択の真価《しんか》は、先代からずっと社長を支《ささ》えてきた番頭《ばんとう》さんの言葉が物語っています。「社長、最高の閉め方だったと思います」——。

青写真の在処《ありか》——目的地はどこにあったのか

考えてみてください。

森谷《もりたに》さんは、ショッピングセンターの買収《ばいしゅう》の話を聞いたとき、「あり得《え》ない」と思いました。当初考えていた青写真＝目的地は、会社を存続《そんぞく》させることだったからです。

しかし、当時の状況《じょうきょう》を維持《いじ》することができたとしても、多額《たがく》の負債《ふさい》を抱《かか》えながらの道のりは、社会の変化の荒波《あらなみ》を受ける中で、思いもかけない痛みや混乱《こんらん》を関わる人たちに与《あた》えていたかもしれません。

もう一度立ち止まり、周囲《しゅうい》の人たちの未来を考えたとき、森谷さんは、ショッピングセンターの売却《ばいきゃく》、自社の閉業《へいぎょう》、自己破産《じこはさん》を選択しました。

森谷さんが最終的に選択した青写真＝目的地は、誰《だれ》も不幸にすることのない道すじをもたらしたのです。

まさにこれこそ、1つのゴールデンパスだったのではないでしょうか。

当初願っていたことが果《は》たされず、その目標は挫折《ざせつ》に終わり、会社は閉業という結果で終わりました。普通《ふつう》に考えれば、それは失敗かもしれません。

しかし、その失敗はただの失敗ではありません。その失敗の中から、森谷さんは、その事態《じたい》に関わるすべての人の未来を輝《かがや》かせる道を引き出すことができたからです。

ゴールデンパスは、勝ちの中にしかない道ではなく、負けの中にもある道——。

そしてそれは、「いかなる試練であろうと、目の前にあるカオスは、他の誰でもない自分自身にやってきたのだ」という必然の自覚によって開くことができた唯一《ゆいいつ》の道だったということです。

今、森谷さんは、新たな歩みを始めています。

そこにどのような試練があり、障害《しょうがい》が立ち現れるかはわかりません。

これまで以上にむずかしい事態に向き合わなければならないこともあるでしょう。

しかし、この体験の中でつかんだ必然の自覚を見失うことがなければ、必ずや再びゴールデンパスに肉薄《にくはく》することができるでしょう。


——今、私が目の前にしているのは、誰かのカオスではない。これは、ほかならない自分をめがけてやってきたカオス。このカオスに応《こた》えられるのは、自分をおいてはほかにいない。自分こそ、このカオスに内在《ないざい》する青写真を発見し、そこにアクセスすることができる——。

その必然の自覚こそが、青写真とゴールデンパスへの歩みの原動力《げんどうりょく》なのです。

第4章

運ぶ力——内《うち》外《そと》合《ごう》一《いつ》のサイクルを回す

では、どうすれば、ゴールデンパスの出発地から
目的地に到達《とうたつ》できるのだろうか。

その力は、私たちが自らの心（受発色《じゅはっしき》）を転換《てんかん》し、
心と現実の化学反応《はんのう》を進化させ、世界との共振《きょうしん》、
宇宙との響働《きょうどう》を起こすことによってもたらされるのである。

いかにして出発地から目的地へ到達《とうたつ》するか

私たちが直面する事態《じたい》をカオスと捉《とら》えること——。それが、ゴールデンパスを歩もうとする私たちの出発地（第2章）でした。

そして、カオスには、そこに託《たく》されている青写真があります。カオスが本来そうなるべき形、それが運ばれるべき場所がある。第3章では、その目的地を探求《たんきゅう》しました。

では、どうしたら、私たちはその出発地から目的地へ到達することができるのでしょうか。出発地から目的地まで、私たちを運ぶ力——。それを考えてゆくのが、第4章です。

出発地のカオスがどれほど複雑《ふくざつ》で困難《こんなん》な状況《じょうきょう》でも、また目的地の青写真がどれほど遠大《えんだい》で高邁《こうまい》なものでも、その2つの場所を結ぶ道すじは、共通の原理、しくみからできています。

それは、「カオス→受発色《じゅはつしき》→暗転の現実」（図8a）を止《と》め、「カオス→受発色→光転の現実」（図8b）をつくり続けること。

受発色を転換《てんかん》し、そのプロセスを連《つら》ねる中で、私たちと世界との共鳴《きょうめい》が起こり、ゴールデンパスが生まれてゆくのです。

人間が生み出す2つの流れ

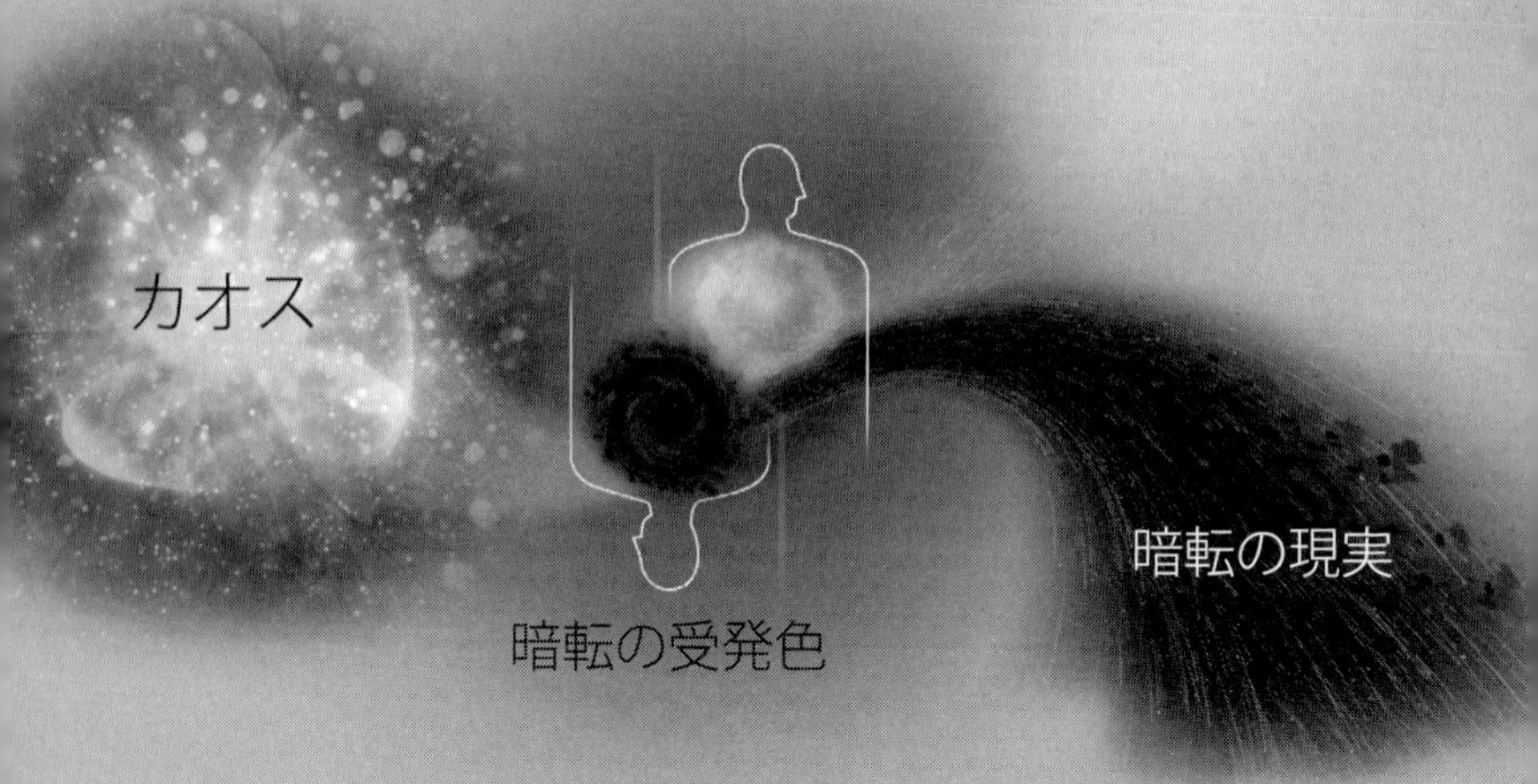

図 8a

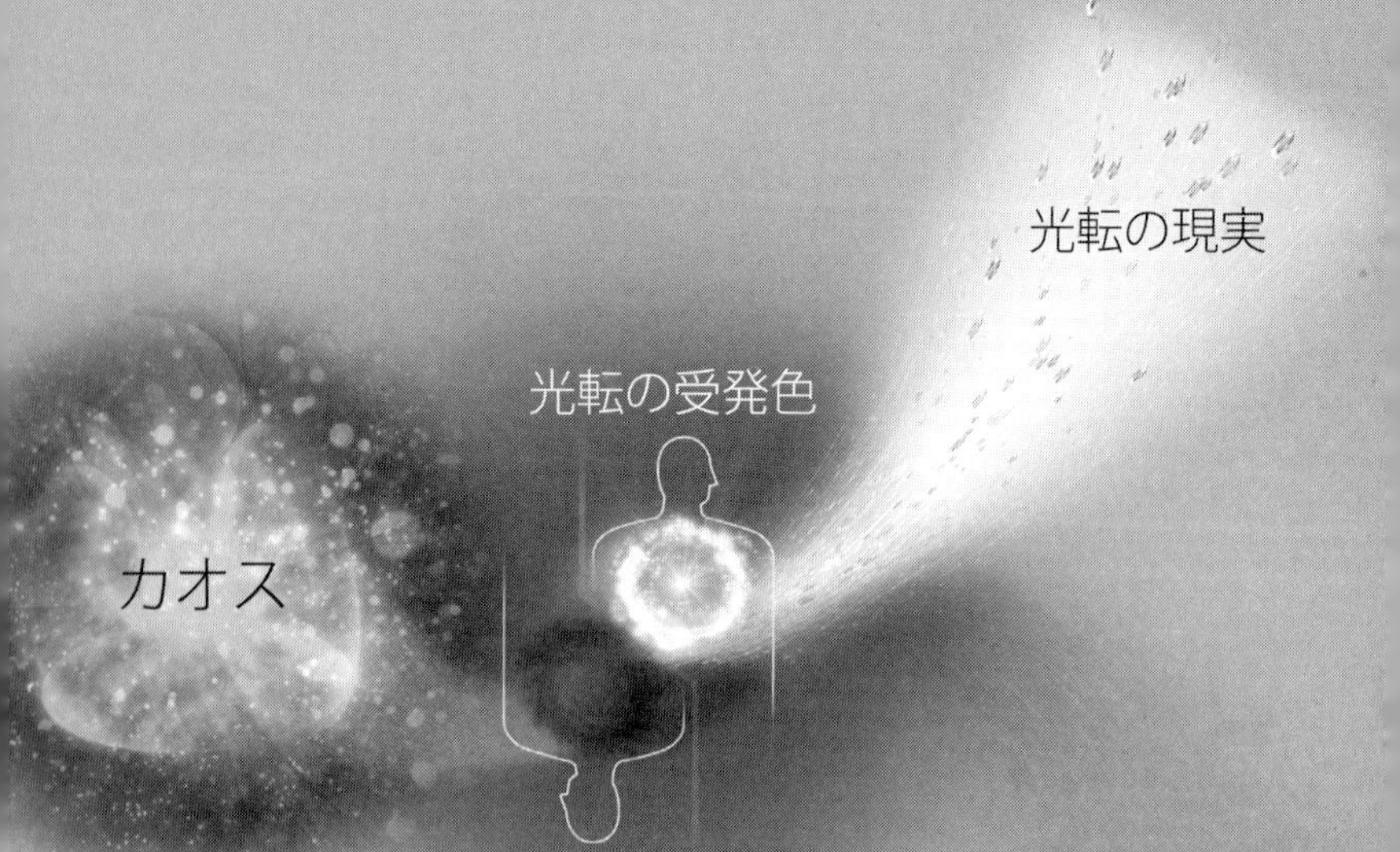

図 8b

虚《きょ》なる精神世界・実《じつ》なる現実世界

その歩みに向かうにあたって、大前提《だいぜんてい》となるのが、内外合一《うちそとごういつ》の法則《ほうそく》です。

ここで言う「内」とは、私たちの内側の世界、内界、「精神世界」のことを指し、「外」とは、私たちの外側の世界、外界、「現実世界」のことを指します。

私たちは、どこかで、「現実世界で起こることは確かなもの。それは、目に見える形があり、衆目《しゅうもく》にさらされ、その価値はお金に換算《かんさん》することだってできる」と考えているように思います。

一方、「精神世界で起こることは不確かなもの。目に見ることはできず、もやもやとしていて、黙《だま》っていれば、誰《だれ》からも知られることのないこと」といった印象《いんしょう》を持っています。

精神世界と現実世界との関係は、次ページの図9のような関係になっているのです。

現実世界で起こることは実体があるが（実《じつ》）、精神世界で起こることは実体がない（虚《きょ》）。

現実世界で起こることは確実なことであるが（確《かく》）、精神世界で起こることは不確実で、はかないこと（儚《ぼう》）。

だから、現実世界が「主《しゅ》」で、精神世界は「従《じゅう》」。

多くの人々が感じている
現実世界と精神世界

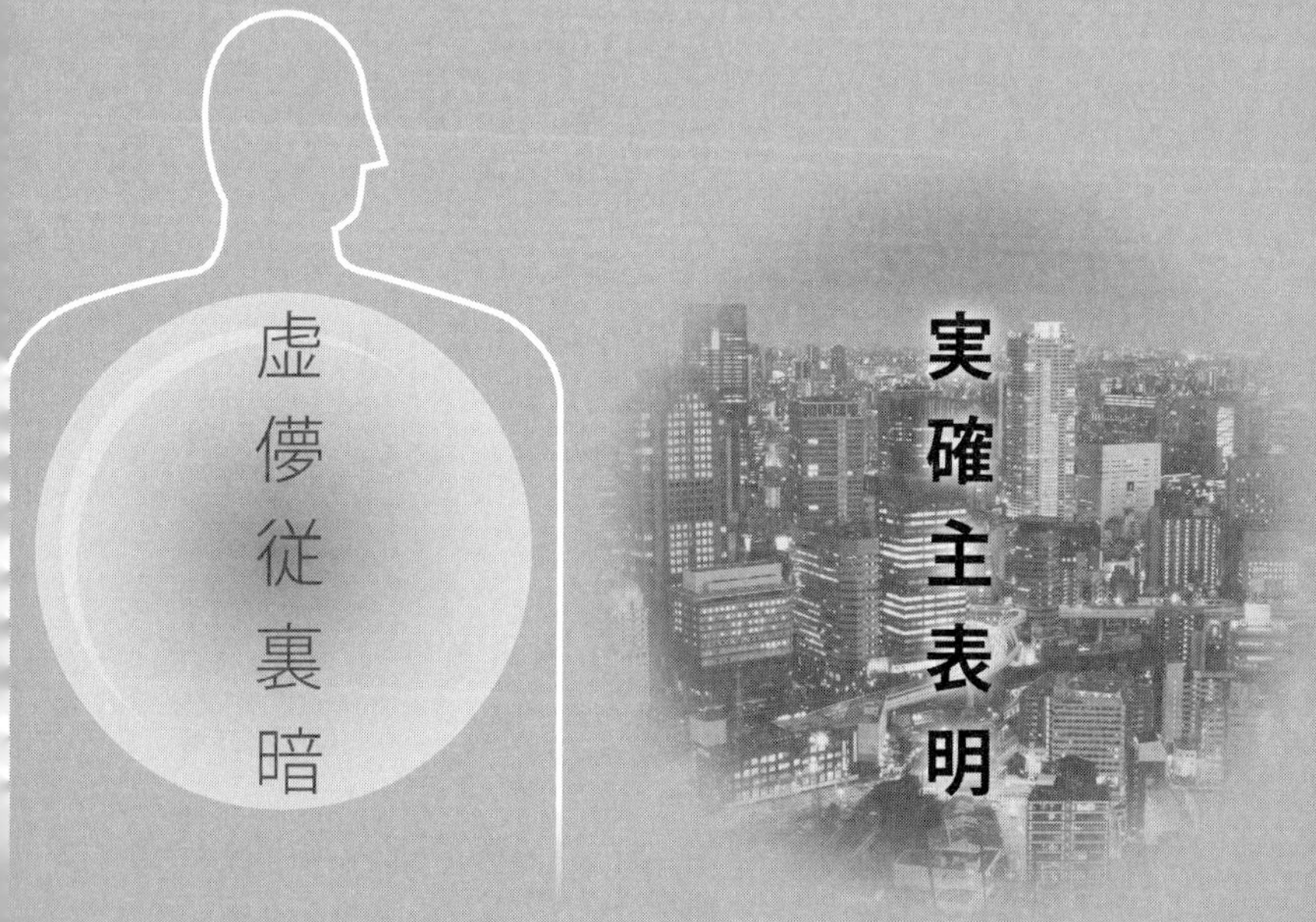

図 9

現実世界が「表《ひょう》」であれば、精神世界は「裏《り》」。

そして、現実世界で起こることは、白日《はくじつ》の下《もと》で、はっきりとした形を持っている（明《めい》）のに対して、精神世界で起こることは、暗闇《くらやみ》の中にあって、何となくぼんやりしている（暗《あん》）。

つまり、多くの人が感じている現実世界と精神世界の関係は、現実世界が、「実《じつ》、確《かく》、主《しゅ》、表《ひょう》、明《めい》」であるのに対して、精神世界は、「虚《きょ》、傍《ぼう》、従《じゅう》、裏《り》、暗《あん》」なのです。

その結果、精神世界は、あってないようなもの――。私たちの内界は、空洞化《くうどうか》してしまっているのではないでしょうか。

内外合一《うちそとごういつ》の法則

しかし、本当の世界は、そうはつくられてはいません。

世界の実相《じっそう》は、内外合一なのです。

内外合一とは、私たちの内側（心）と外側（現実）は、コインの裏表《うらおもて》のように分かちがたく結びついていて、別々に捉《とら》えることはできないということです。

そのつながりは、私たちが普通《ふつう》に考える以上に、密接《みっせつ》、強固で相互《そうご》に多大な影響《えいきょう》を与《あた》

えているのです。

そのことを考えるにあたって、再び、今私たちが直面しているコロナ感染拡大の問題を考えてみましょう。

2020年前半のコロナ第1波《ぱ》に対する日本政府の対策《たいさく》。それは、医療崩壊《ほうかい》を防《ふせ》ぐためにPCR検査の数を抑《おさ》え、クラスター対策を徹底《てってい》し、国民には3密を避《さ》けて、状況に応《おう》じて外出自粛《じしゅく》を要請《ようせい》するというものでした。

この方針については、国内外から様々な批判《ひはん》もありましたが、欧米諸国《おうべいしょこく》に比《くら》べ、感染者数は抑《おさ》えられ、死亡者数は著《いちじる》しく少ないままでした。

3月からのコロナ禍《か》に翻弄《ほんろう》される中、4月7日に発出《はっしゅつ》された「緊急事態宣言《きんきゅうじたいせんげん》」は、欧米諸国、アジアの近隣《きんりん》諸国とは異《こと》なり、法律上の限界もあり、強制力《きょうせいりょく》の一切《いっさい》ない政府からの「お願い」という形となりました。

ところが、実際には、新規感染者の数は見事にピークアウトし、沈静化《ちんせいか》しました。加えて、わが国の感染者数、中でも死亡者数が一貫《いっかん》して抑制《よくせい》されていることによって、当初は批判的だった欧米諸国やWHOからも一定の評価が与《あた》えられることになったのです（宣言解除後、再び増加を始め、特に2020年秋以降、感染者も死亡者数も全国的に増加し、予断《よだん》を許《ゆる》さない状況となっています。感染防止に対する人々の意識に緩《ゆる》みが生じたことが考えられますが、ただ、それでも、欧米諸国の状況に比べれば、かなり低く抑えられています）。

なぜ、緊急事態宣言が「お願い」に過ぎなかったのに、それだけの成果《せいか》が上がったのでしょうか。

それは言うまでもなく、国民の多くが主体的に感染防止と自粛《じしゅく》に協力したからです。その想いの集積《しゅうせき》が、現実に見事《みごと》に反映《はんえい》されたと言えるでしょう。

もちろん、成果が上がったのは、集団内の規範《きはん》を重んじる国民性だからということもあるかもしれません。マスクの着用《ちゃくよう》一つをとっても、自らその必要を感じて着用する人が多い一方で、他人からどう思われるかを気にして着けていた人もいたという観測《かんそく》もありました。

また、外出自粛についても、同調圧力《どうちょうあつりょく》に従《したが》っていた人もいたでしょう。実際、恐怖を煽《あお》るワイドショーなどのテレビ番組の影響もあって、7月以降の感染者増加の中、お盆《ぼん》の時期には、首都圏《けん》からの帰省者《きせいしゃ》に対して「今年は帰ってくるな」という圧力が相当存在していたことも事実です。

ただ、いずれにしても、そのすべての現実は、人間の想いや考えから生まれてきたものです。人々の内界、心にある思念《しねん》は、外界の現実をそれだけ決定的に変化させてしまうということなのです。

東日本大震災《だいしんさい》の教訓《きょうくん》

忘れることのできない国難《こくなん》となった2011年の東日本大震災の際、福島第一、第二原発《げんぱつ》の停止《ていし》、さらにいくつかの火力発電所の停止によって、関東圏《けん》を中心として、深刻《しんこく》な電気供給量《きょうきゅうりょう》の低下という事態《じたい》が起こりました。

夏季は、エアコンの使用によって電力消費量は大きく増加《ぞうか》します。例年同様に電力を使えば、たちまち供給量をオーバーしてしまう。そのため、計画停電《ていでん》の必要が叫《さけ》ばれ、それが検討《けんとう》されていました。

しかし、結果として、関東圏で、6月1日からの80日間で99億キロワットの節電に成功し、計画停電を回避《かいひ》できたのです。これは、前年比で、13・5パーセントの節約に当たります。私たちは、大きな混乱《こんらん》もなく、この困難《こんなん》の時期を乗り切ったのです。

この混乱回避は、計画停電による大口の電力消費企業等の節約も大きかったとはいえ、国民1人ひとりの自発的節電による効果《こうか》も、決して小さくなかったと言われているのです。

当時、東京では、天気予報ならぬ電気予報という日中の電力消費量の統計《とうけい》が刻々《こくこく》と報じられ、都民はそれに基《もと》づいて、自分たちの電力消費量を調整することもめずらしくはありませんでした。

当時行われたアンケートからは、1人ひとりの、小さな、しかし着実な節電への取り組みが報告されています。それらは多岐《たき》にわたりました。

たとえば、エアコンの温度設定を28度にする。扇風機《せんぷうき》を使ってエアコンを使う時間を減《へ》らす。すだれなどで窓《まど》からの日差しを和《やわ》らげる。冷蔵庫《れいぞうこ》の開閉《かいへい》をできるだけ減らす。テレビを省《しょう》エネモードに設定する。電球や従来型蛍光灯《じゅうらいがたけいこうとう》をLEDに交換《こうかん》する。昼間は照明を消して過ごす。コンセントからプラグを頻繁《ひんぱん》に抜《ぬ》く。省エネ家電に買《か》い替える。洗《せん》濯機《たくき》の乾燥機《かんそうき》は使わず、天日干《てんぴぼ》しにする。掃除機《そうじき》の紙パックをこまめに交換する。便座《べんざ》保温・温水をオフにする。ポットの電源《でんげん》は切り、ガスで湯を沸《わ》かす。食器はまとめ洗いをする。自宅に太陽光発電を設置《せっち》する。エレベーターなどを使わず、階段《かいだん》を使う。屋根に高反射塗料《こうはんしゃとりょう》を塗布《とふ》する。風呂《ふろ》の残り湯で打ち水をする。クールビズを実行する。寝具《しんぐ》

電気予報

東京電力エリア
電力使用状況
2011年 08/17 15:00発表
4558万kw
(使用量)
5570万kw
(供給能力)
82%
(使用率)
計画停電スケジュール
現在のところ計画停電の
予定はありません。
最新情報は東京電力ホームページでご確認ください。
《http://www.tepco.co.jp/forecast/》
情報提供：東京電力

に冷えマットを敷《し》く……等々。

99億キロワットのエネルギー節約は、自発的なもの、強制的《きょうせいてき》なものを含《ふく》めて、一切《いっさい》の外的資源《しげん》に頼《たよ》ることなく、1人ひとりの想いと行いによって、それだけのエネルギーを生み出すことができたことを意味しているのです。

受発色《じゅはっしき》＝2つの流れが決定される場所

いかがでしょうか。私たちの心は、決してはかないものでも、空虚《くうきょ》なものでもないということに同意いただけるのではないかと思います。

そしてそれは、今見てきた光転のエネルギーだけではなく、暗転のエネルギーを生み出すことにおいても同様です。人類が繰《く》り返してきた蛮行《ばんこう》や戦争の傷跡《きずあと》を振《ふ》り返れば、それは明らかです。

私たち人間は内《うち》と外《そと》の世界を結びながら、常《つね》に2つの流れを生み出しているということです。その人間の内外合一《うちそとごういつ》を表したのが、人生創造《そうぞう》の方程式――「カオス→受発色→光転・暗転の現実」（図8a、8b参照）です。

2つの流れとは、カオスから光転のエネルギーと現実が生み出される流れ、そして、カオスから暗転のエネルギーと現実が生み出される流れ――。

それを左右するのが、私たちの心＝受発色にほかなりません。

ものごとがうまくいっていないとき、痛《いた》みが生じ、調和が乱れ、停滞《ていたい》し、破壊《はかい》が起こっていて、「カオス↓受発色↓暗転の現実」（図8a）の流れが渦巻《うずま》いています。それは、私たちの受発色の歪《ゆが》みや問題が大きく影響《えいきょう》を与《あた》えているということです。

逆にものごとがうまくいっているとき、歓《よろこ》びがあふれ、調和が保《たも》たれ、活性化《かっせいか》し、創造的な現実が生まれていて、そこには、「カオス↓受発色↓光転の現実」（図8b）の流れがあり、私たちの受発色が適切《てきせつ》に整えられていることが影響していると言えます。

この2つの流れが生み出されるとき、そこには、カオスと私たちの受発色の間で化学反応が起こっています。その化学反応のエネルギーによって、「カオス↓受発色↓暗転の現実」という流れがあふれ出すか、「カオス↓受発色↓光転の現実」という流れがあふれ出すかが、決まってしまいます。

ゴールデンパスをつくり上げることは、私たちが生み出している、このエネルギーの流れを、暗転から光転へ、闇《やみ》から光へと導《みちび》いてゆくことに始まるのです。

4つの化学反応――「カオス→受発色《じゅはっしき》→暗転の現実」の4つの型《かた》

「魂の学」は、「カオス→受発色→暗転の現実」をつくり出す4つの型を明らかにしてきました。

それは、快《かい》・暴流《ぼうりゅう》、苦《く》・暴流《ぼうりゅう》、苦《く》・衰退《すいたい》、快《かい》・衰退《すいたい》という受発色です。

これは、第2章で述べた、事態《じたい》から特定のサインを取り出してしまう心でもあります。

詳《くわ》しくは、拙著《せっちょ》『自分を知る力』でご紹介していますので、ご参照いただければと思います。

この4つの受発色がカオスとの間につくり出す化学反応とは、どのようなものでしょうか。

快・暴流の心がつくり出す化学反応

私たちの中に、自分に対する過信《かしん》や「イケイケドンドン」の気持ちがあると、自分にとって都合《つごう》のよいところだけが見えて、危険《きけん》なところ、後々問題になりそうなところは、まったく見えなくなってしまいます。これが快・暴流の心です。

この「成功のサイン」は、心がつくり出した歪《ゆが》んだ虚像《きょぞう》です。それを知らずに、この心で事態に関わると、一時《いっとき》はよいように見えても、最後は行き止まりの事態をつくり出してしまうのです。

苦・暴流の心がつくり出す化学反応

次は、苦・暴流の心です。

私たちの心が、いつもイライラしていたらどうでしょう。自分がいつも損《そん》しているような気持ちや、境遇《きょうぐう》に対する不満や怒《いか》り――。そんな気持ちがあると、目の前の事態の中に「悪意《あくい》のサイン」ばかりを見てしまいます。

その結果、言わなくてもよいことを言い、しなくてもよいことをしてしまう。そこから、取り返しのつかない結果を招《まね》いたり、修復不能《しゅうふくふのう》な大きな打撃《だげき》を被《こうむ》ったりしてしまうのです。

苦・衰退の心がつくり出す化学反応

また、目の前の事態に対して心が定まらず、できるか、できないか、どっちつかずで、愚痴《ぐち》っぽく、否定的《ひていてき》気分になっていたらどうでしょう。

この心がつくる受発色は、苦・衰退です。

苦・衰退は、もの静かで生真面目《きまじめ》な長所も抱《いだ》いていますが、「これはむずかしい」と、不可能であることの証拠探《しょうこさが》しをして、事態の中に、できないことの理由、「障害《しょうがい》のサイン」

ばかりを読み取ってしまうことになります。

すると、ますますできない気分になります。そして、その気分でさらにできない理由を探す……といった否定的回路に入ってしまうのです。

この場合、苦・衰退の受発色と、障害のサインの顔をしたカオスとの間に化学反応が起こることによって、「カオス→受発色→暗転の現実」という流れがあふれ出すことになるのです。

快・衰退の心がつくり出す化学反応

さらに、事態の中に、いつも「他人事《ひとごと》のサイン」を見てしまう場合もあります。何ごとに対しても、「そこそこ」「まあまあ」という気分になっているときのことを思い浮《う》かべてください。

そのとき、私たちは、目の前の事態に対して主体者となることはできず、いつも「自分はお手伝い」という感覚に陥《おちい》ることになります。

本当は、一歩を踏《ふ》み出して責任《せきにん》を背負《せお》うことが要請《ようせい》されていても、そこから「他人事のサイン」を取り出してしまえば、その事態に身を投《とう》じることはできません。

これが、快・衰退の心です。

心が、「そこそこ」「まあまあ」ならば、そこからつくり出される現実も「そこそこ」「まあまあ」の現実――。その限界《げんかい》を突破《とっぱ》することはできず、人生全体が、「そこそこ」「まあまあ」になってしまうのです。

さあ、いかがでしょうか。

このようにして、目の前の事態に「あるサイン」ばかりを読み取ると、その後は、ほとんど自動的に、心とカオスの間に特有《とくゆう》な化学反応が起こることになるのです。

その化学反応から生まれるエネルギーが、「カオス↓受発色↓暗転の現実」という流れをつくり出し、そこに1つの現実が生まれます。それを止めることはできません。

それはあたかも、ジェットコースターが、猛《もう》スピードで坂を下《くだ》り落ちるようなものです。

最初はゆっくり始まるかもしれません。しかし、一度動き出したら、もう止めることはできない。1つの道を、最後まで走り切ってしまうのです。

受発色《じゅはっしき》の転換《てんかん》——化学反応を進化させる

私たちは、生まれ育ちの中で形づくる受発色によって、カオスを暗転の現実にしてしまう流れを生み出さざるを得《え》ません。

では、どうしたら、この「カオス↓受発色↓暗転の現実」という暗転の方程式を、「カオス↓受発色↓光転の現実」という光転の方程式に変えることができるのでしょうか。

カオスも暗転の現実も、私たちがそれを直接《ちょくせつ》変えることはできません。

カオスは、私たちが触《ふ》れる前だからカオスなのであり、暗転の現実をいきなり、光転の現実に変えられるなら、そもそもこんな方程式を考える必要はないのです。

私たちにできるのは、受発色を変え、その受発色とカオスの結びつき方を進化させることだけです。

そして、それこそが、暗転の方程式を光転の方程式に転換する唯一《ゆいいつ》の方法なのです。

快《かい》・暴流《ぼうりゅう》の化学反応の進化——受信の力をつける

では、快・暴流の受発色《じゅはっしき》の転換《てんかん》と、化学反応の進化について考えてみましょう。

快・暴流の心は明るく、「こんなことがやりたい」「こうもしてみたい」という意欲《いよく》にあふれ、エネルギッシュでものごとを肯定的《こうていてき》に受けとめる一方で、無意識のうちに自分中心、自分が1番でないと気がすまなくなるという問題を抱《かか》えています。

「自分が1番わかっている」「自分ならできる」「よし、俺《おれ》の出番だ！」「ようやく日の目を見るぞ」「私の流れになってきた」「自分に任《まか》せておけばよい」「俺の言う通りにしろ」「黙《だま》っていろ」「思い立ったが吉日《きちじつ》」……といった言葉が快・暴流のつぶやきと口ぐせです。

そして、そうつぶやきながら、チャンスがくれば、がむしゃらに突《つ》っ走って、あれこれと指示を出しまくり、人を支配《しはい》して動かし、これでもか、これでもかとやり続けるのが快・暴流の行動の仕方です。

いつの間《ま》にか、自分の欲求《よっきゅう》を満足させることがもっとも重要なことになってしまい、その欲求に振《ふ》り回されてしまうのです。

受発色の転換は、具体的に、つぶやきや口ぐせ、行動のくせが変わるということです。そのためにはどうしたらよいのでしょうか。

自分の欲求に従《したが》って主張《しゅちょう》したり行動したりするというのは、発信は得意《とくい》である一方、受信は苦手ということでもあります。受信が疎《おろそ》かになってしまう弱さが、快・暴流の心がつくり出す暗転の現実の主な原因になっているということなのです。

事態《じたい》が何を呼びかけているのか、私たちが成就《じょうじゅ》すべき青写真をしっかりと受けとめることなく、「成功のサイン」を見出《みいだ》すと、突っ走って思わぬ破綻《はたん》を来《きた》してしまう。また、周囲《しゅうい》の人たちや状況《じょうきょう》を自分の思い通りに支配しようとして反発や混乱《こんらん》を招いたり、一緒《いっしょ》に取り組んでいる仲間の気持ちを受けとめずに孤立《こりつ》してしまったり……。

ですから、**快・暴流の方は、まず、立ち止まって見つめ、そして耳を傾《かたむ》けるということが、転換の大きなきっかけになります。「自分の欲求以上に大切なことはないだろうか。事態や世界がそれを自分に伝えようとしているかもしれない」と心に刻印《こくいん》することが必要です。何が本当に大切なのかを見定めることです。**

そして、優位《ゆうい》で相手に接《せっ》するのではなく、畏敬《いけい》の念をもって接すること。徹底《てってい》して相手の声に耳を傾けることができれば、世界はまったく異《こと》なる姿をあなたに見せてくれるに違《ちが》いありません。

さらに言えば、カオスの中にある可能性と制約《せいやく》の両方を意識化することも、受発色の転換の手がかりとなります。「成功のサイン」が見えて、可能性がクローズアップされたら、制約も同じように見出す。そして、それに対する対策を講《こう》じることを考えていただきたいのです。

快・暴流の人が、受信を大切にし、畏敬の感覚と、可能性と制約を見取る力が身についてゆくにつれて、自分の欲求を満足させる以上に、カオスから光転の現実を引き出し、青写真を具現《ぐげん》することに集中できるようになってゆきます。

苦《く》・暴流《ぼうりゅう》の化学反応の進化――自他《じた》を1つに生きる

次は、苦・暴流の受発色転換《じゅはっしきてんかん》と、化学反応の進化について考えてみたいと思います。

苦・暴流の人には、他人や世間から理不尽《りふじん》な損害《そんがい》を被《こうむ》っているという、根強い被害者《ひがいしゃ》の感覚があります。被害がまだ及《およ》んでいなくても、今にも自分の利益や権利が損《そこ》なわれるのではないかという疑念《ぎねん》があり、ものごとに「悪意のサイン」を見出《みいだ》して、対抗《たいこう》的、攻撃《こうげき》的に行動してしまうのです。

「いいかげんにしろ」「冗談《じょうだん》じゃない」「こんなことがあっていいわけがない」「どうせ嘘《うそ》に決まっている」「出るとこ出てもこっちはかまわない」「やるならやってみろ」「絶対に忘れないぞ」……といった荒々《あらあら》しい言葉が苦・暴流のつぶやきや口ぐせです。

そして、そう言い放《はな》って、相手を非難《ひなん》、批判《ひはん》し、執拗《しつよう》に攻撃したり、邪魔《じゃま》をしたり、すぐに切れて事態《じたい》を壊《こわ》してしまうのです。また、自分から絆《きずな》を切って、立ち去ってしまうのが苦・暴流の行動です。

このつぶやきや口ぐせ、行動のパターンを転換することが受発色の転換です。

苦・暴流の心のむずかしさは、他のどのタイプよりも、現実を緻密《ちみつ》に几帳面《きちょうめん》に捉《とら》え、それを忘れないために、自分の正しさを疑えないことにあります。

他人の不足や矛盾《むじゅん》、いい加減《かげん》なところもよく見えてしまうため、とても相手が正しいとは思えなくなってしまうのです。他の人に対する敬意《けいい》や共感を持ちにくいのも特徴《とくちょう》です。

苦・暴流の心の歪《ゆが》みをそのままにするなら、正しさを訴《うった》え、周囲《しゅうい》に影響力《えいきょうりょく》を行使《こうし》しようとするほど、事態は殺伐《さつばつ》とし、場は疲弊《ひへい》し、周囲には破壊《はかい》の現実が現れます。

そして、そのことにますますイライラし、気むずかしい波動《はどう》を出して、孤立《こりつ》を深めてしまうのです。

苦・暴流の課題は、どんなに正義を追求しても、そのままでは本当の意味での解決や平和、発展や成長をもたらすことはできないということです。

ですから、**苦・暴流の心を持つ人は、まず、自分だけが正しいとする頑《かたく》なな想いを、**

一旦《いったん》横に置かなければなりません。

ただ批判するのではなく、共感できるところを探してみる。不満を募《つの》らせるばかりでなく、相手の立場に立ってみる。頭ごなしに拒《こば》むのではなく、受けとめてみる。そのうえで、あなたを含《ふく》む全員が、心を1つにしてよりよい方向に向かう歩みを考えてみるのです。

その鍵《かぎ》は、自分と相手を切り離《はな》さないこと。相手も自分も含めた全体が1つであることを心に念じてください。そして、自他を切り離すことなく、「私たち」として、事態を前進させることに取り組んでみることです。それを重ねてゆくと、これまでと違《ちが》う世界が見え始め、新たな自分が育ってゆくはずです。

苦《く》・衰退《すいたい》の化学反応の進化——挑戦《ちょうせん》を続ける

では、苦・衰退の受発色転換《じゅはつしきてんかん》と、化学反応の進化はどうでしょうか。

苦・衰退の心は、もの静かで生真面目《きまじめ》、謙虚《けんきょ》で地道《じみち》な努力を積み重ねることができるといった長所を抱《いだ》いていますが、一方で、自分に自信がなく、自らの生き方を信じることができずに、一歩を踏《ふ》み出すことを躊躇《ちゅうちょ》しがちです。

怖《こわ》がりで心配性《しょう》な面が強いために、すぐに後《あと》ずさりして頭を抱《かか》え、立ち往生《おうじょう》してしまいます。

苦・衰退の心の眼には、灰色《はいいろ》のどんよりとした世界が映《うつ》っていて、希望ある未来を描《えが》くことができません。「やがてものごとがうまくいかなくなるのではないか」「何か問題が起こるのではないか」という気分をいつも抱えています。

「もうダメだ」「どうしよう」「うまくいくわけがない」「きっとひどいことになる」「どうせ失敗するに決まっている」「恥《はじ》をかくならやらない方がまし」「もう仕方がない」「どうせ私なんか」「やっぱり誰《だれ》も助けてくれない」……というのが、苦・衰退のつぶやきと口ぐせです。

そうつぶやきながら、事態《じたい》を悪い方へ悪い方へと悲観的に考え、そこに「障害《しょうがい》のサイン」を見つけ出し、すぐにあきらめてしまいます。立ち止まり、動かなくなってしまう。挑戦をやめてしまう。ハードルを下げて「仕方がない」と独《ひと》りで閉《と》じこもり、関わりを断《た》ってしまうこともあります。それでいて、誰か助けてくれるのを待っているのが、苦・衰退の行動の仕方なのです。

これらを転換するにはどうしたらよいのでしょうか。

苦・衰退の人の課題は、まだ可能性があるにもかかわらず、あきらめて手放《てばな》してしまうことです。圧迫《あっぱく》を感じると、安全地帯に逃げ込《にこ》んで、後ろ向きになって自分を閉じてしまいます。

苦・衰退の心の転換の鍵《かぎ》は、カオス発想術《じゅつ》を本当に自分のものにすることです。事態はカオス。それはまだ形も輪郭《りんかく》も定まっておらず、結論も結果も出ていない状態《じょうたい》。そこには可能性と制約《せいやく》が混在《こんざい》している――。

ですから、恐《おそ》れて逃げるのではなく、まず、立ち止まって引き受けてみる。否定するのではなく、カオスの顔を見つめ、可能性を探《さが》してみる。「どうせ無理」と卑屈《ひくつ》になる前に、自分を信じてみる――。

特に、具体的に行動すること、話をすること、言葉で伝えること。どうしようか迷《まよ》ったら、できるだけ行動してみる、発言し、尋《たず》ねてみる。「発信」に重きを置いて取り組んでみるとよいでしょう。

つまり、今までと同じ行動のループに入《はい》り込むのではなく、新しい生き方に挑戦してみるのです。そのとき、苦・衰退の謙虚さが本当の輝《かがや》きを放《はな》つはずです。

快《かい》・衰退《すいたい》の化学反応の進化――支《ささ》える側に立つ

最後は、快・衰退の受発色転換《じゅはつしきてんかん》と、化学反応の進化です。

快・衰退の心は、ものごとを明るく楽観的に受けとめ、多くの人から「いい人」という印象《いんしょう》を持たれます。

快・暴流のように、飽《あ》くなき欲求を満足させようと頑張《がんば》るところはありません。けれども、ガツガツとしたところがない代わりに、すぐに満足して止まってしまいます。事態《じたい》にすぐに「他人事《ひとごと》のサイン」を見出《みいだ》して、自分のことでありながら、どこか他人事のようになって誰《だれ》かに依存《いぞん》したり、自分と現実の間に隙間《すきま》をつくったりしてしまいます。

その結果、仕事や担当《たんとう》するプロジェクトが停滞《ていたい》し、混乱《こんらん》や遅《おく》れが頻発《ひんぱつ》してしまうのです。

「何とかなるだろう」「きっと大丈夫《だいじょうぶ》」「まだ時間はあるさ」「今やらなくても明日でいいだろう」「そんなに慌《あわ》てなくてもいいよ」「まあまあ、まあまあ」「ギスギスするのはよくないよ」「仲よくするのが1番」「そんな細かいところに目くじらを立てなくても」……といった言葉が快・衰退のつぶやきと口ぐせです。

そして、そう言いながら、何の確証《かくしょう》もない予定調和の未来を思い描《えが》きながら、自分のリズムで、余裕《よゆう》を持って、ゆったりと時を過ごそうとするのが、快・衰退の行動の仕方です。

これらのつぶやきや行動の仕方を転換することを考えてみましょう。

快・衰退の心を持つ人の多くが、実際に愛され、満たされてきた人生を歩んでいます。支《ささ》えられ、助けられてきた人生と言ってもよいでしょう。

穏《おだ》やかで安定していたとしても、それは、第2章でも触《ふ》れた3つの幸せの「もらう幸せ」の段階にとどまっているに過ぎません。

「まあまあだった」「何とか大丈夫」というのは、よかったのではなく、本当はもっと改善《かいぜん》できた、もっとよくできたということにほかなりません。

ですから、快・衰退の人は、まず、その段階を超えてゆく必要があるのです。その想いの転換、姿勢《しせい》の転換が何よりも大切です。

転換してゆくために、まず、「他人事のサイン」を脱《だっ》して、自分が引き受ける。引き受けるということは、自分で最後まで取り組んでみることです。目の前の事態に対して、「自分が果《は》たさなければならない責任《せきにん》は何だろう」と問いかけてみてください。

ものごとを曖昧《あいまい》にして「まあ、大丈夫だろう」とやり過ごすのではなく、カオスの中にある可能性と制約《せいやく》を書き出し、具体的にどう応《こた》えてゆくのかを考える。それだけでなく、実際に進めるスケジュールを明らかにします。オブラートに包んだような予定調和のイメージを描いて終わりではなく、具体的なタイムテーブル（予定表）までをきちんと言葉と数字で表してみることです。快・衰退の心は、時の要請《ようせい》に応えられず、敗北してしまうことが少なくないからです。

そしてさらに、愛された人生を歩んできたからこそ、今度は、他を愛し、支え、助ける側に回らなければならないということを考えていただきたいのです。

それは、気分の向いたときに誰かを助けるということではありません。自分の責任をきちんと果たしながら、その先でいつも周囲《しゅうい》のことを心配し、助けを必要としている人に具体的に手を差し伸《の》べることです。

そのような生き方を示したとき、快・衰退の包容力《ほうようりょく》と優《やさ》しさは、本当の輝《かがや》きを放《はな》つことになるのです。

宇宙との響働《きょうどう》を準備する——菩提心《ぼだいしん》を育《はぐ》む

歪《ゆが》んだままの心＝受発色《じゅはっしき》は、個性とは言えないアンバランスさを抱《かか》えています。

しかし、それぞれの受発色を転換《てんかん》し、化学反応を進化させてゆくに従《したが》って、心は1つの個性を持ったバランスを保《たも》つようになってゆきます。

事態《じたい》に振《ふ》り回されなくなり、試練に強くなるのが1つの特徴《とくちょう》です。私たちの心＝受発色が「魂の学」で言う菩提心に近づいてゆくのです。

菩提心は、仏教における悟《さと》りを求める心ですが、「魂の学」では、もっと広い意味で、私たちの魂が抱《いだ》いている叡智《えいち》があらわになるみずみずしい心を指し、**「本当の自らを求め、他を愛し、世界の調和に貢献《こうけん》しようとする心」**のことを言います。

心がバランスを取り戻《もど》し、菩提心に近づいてゆくと、世界と響《ひび》き合い、共振《きょうしん》が始まり、その奥にある魂の力が現れてきます。過去のいくつもの人生で蓄《たくわ》えた智慧《ちえ》や、宇宙・自然の法則に則した引力《いんりょく》と斥力《せきりょく》、それまでは別々になっていた異質《いしつ》なものを結ぶ力、過去・現在・未来をつなぐ力……等々が現れてくるのです。

自分の力量以上の智慧がはたらいたとしか思えない判断や行動が生まれたり、近づいてはならないものに近づかず、引き寄せるべきものを引き寄せることができるようになったり、過去の呼びかけを現在に生かし、未来の記憶《きおく》を生きることができるようになったりするということです。

2つの菩提心《ぼだいしん》――新たな輝《かがや》き・純化《じゅんか》されたもともとの輝き

菩提心には、2つの種類があります。

第1は、暗転をつくり出す4つの受発色《じゅはつしき》の歪《ゆが》んでいた部分を正すことで新たに生まれる菩提心です。たとえば、快《かい》・暴流《ぼうりゅう》であれば、不得手《ふえて》だった受信に心を向け、人や事態《じたい》を受けとめる受発色を育《はぐく》むことで、新たな光が現れます。他者への思いやりや敬意《けいい》、そして自らの謙虚《けんきょ》さが菩提心として現れてきます。

私たちの取り組みは、この第1の菩提心へのアプローチが基本となります。

しかし、このように弱点を克服《こくふく》してゆくと、その心がもともと抱《いだ》いていた光が現れてきます。欠けていた部分を補《おぎな》うことによって、心全体が歪みを脱《だっ》し、輝《かがや》き出すのです。これが、大菩提心《だいぼだいしん》とも言うべき第2の菩提心です。

快・暴流で言えば、受信の力を育むことで、鼻持《はなも》ちならない優位《ゆうい》の意識や、周囲《しゅうい》の人たちを上から支配《しはい》しようとする強引《ごういん》さといった弱点が修正され、畏敬《いけい》や思いやりの心が新たに生まれます（第1の菩提心）。同時に、もともと抱いていた明るさやエネルギー、あふれる意欲《いよく》などが、多くの人を支《ささ》え導《みちび》く強さやリーダーシップとして輝かしく現れてくるのです（第2の菩提心）。

苦《く》・衰退《すいたい》の受発色で言えば、挑戦《ちょうせん》の歩みによって弱点を転換《てんかん》してゆくと、かつてはなかった意欲や明るさ、行動力といった輝きが生まれます（第1の菩提心）。同時に、苦・衰退がもともと抱いていた、リスクを正しく心配できる慎重《しんちょう》さや誰《だれ》に対しても変わらない謙虚さがより純粋《じゅんすい》な形で力強く現れてくるのです（第2の菩提心）。

言うならば、**弱点や未熟《みじゅく》を克服することによって、今までなかった光が新たに生まれるのが第1の菩提心であり、その修正によって、心にもともとありながら十分現れていなかった光がより純化され、力強く現れてくる――それが第2の菩提心なのです。**仏教の言葉で言えば、煩悩即菩提《ぼんのうそくぼだい》により生み出される菩提心です。

このような心を整える歩み、内界の調和と進化――。それは、私たちがゴールデンパスをつくり出すために不可欠《ふかけつ》なものです。

第1章の雨乞《あまご》い師《し》のように、何ものにも束縛《そくばく》されない自由さを抱きながら、世界を貫《つらぬ》く法則、神理《しんり》に従《したが》う菩提心に近づいてゆくこと。それこそが、世界との共鳴装置《きょうめいそうち》をつくることであり、宇宙との響働《きょうどう》の練習とも言えるものなのです。

宇宙との響働《きょうどう》が起こるとき

繰《く》り返しますが、私たちの内側の準備が整ってくると、内《うち》と外《そと》が共振《きょうしん》しやすくなり、宇宙との響働が起こるのです。

そのしるしは、次のような事象《じしょう》として現れ始めます。

①意味ある偶然《ぐうぜん》の一致《いっち》が起こる
②助力者が現れる
③障害《しょうがい》を打開《だかい》する手がかりが与《あた》えられる
④思わぬところから道が開かれてゆく

①の意味ある偶然の一致は、シンクロニシティ（共時性《きょうじせい》）とも呼ばれている事象で、偶然のように同じ出来事や同じ人に出会ったり、同じ名前や同じことがらについての知らせを受けたりして、意味を感じる偶然が重なる事象です。

これらのいずれもが、私たちに世界の見えないつながりがあることを教えています。私たちは、偶然が支配する無機的《むきてき》な世界に生きているのではなく、内と外がつながり、シンクロする世界に生きているのです。

私自身、数え切れないほど、このようなしるしを経験してきました。直接《ちょくせつ》ヴィジョンをもたらされたり、選択の促《うなが》しを受けたりすることだけではありません。本当に危急《ききゅう》のとき、緊迫《きんぱく》した事態《じたい》の中で、針《はり》の穴を通るようにして道が開けたり、その後のキーマンとなる人と偶然のように出会ったり、どうしてこんなことが起こるのかという幸運をもたらされたり……。

それは、「魂の学」を学び、現実の中で実践《じっせん》してきた方も同じです。多くの方がそのしるしを実感しています。

きっと読者の皆さんも、このような宇宙との響働のしるしを、様々な形で経験されてきたのではないでしょうか。大きなしるしではなくても、自分が必要としている情報が偶然のようにもたらされたり、連絡を取りたいと思っていた人から連絡があったり、本当に困《こま》っているとき、向こうから助けてくれる人が現れたり……。

重要なことは、内と外がつながり、見えない世界と見える世界が分かちがたく結びついていることを信じ、心の準備を整えた人に、共振の扉《とびら》が開かれるということです。

それは、第2章、第3章でお伝えしたカオスや青写真のチャンネルと同じです。

見えないつながりが張《は》り巡《めぐ》らされた世界観を抱《いだ》いている人が、そのチャンネルを使うことができるのです。

もちろん、チャンネルを開けば、宇宙との響働が起こるというわけではありません。その前に、私たち自身の準備――受発色《じゅはつしき》を整え、テーマへの地道な取り組みが積み重ねられることによって、ゴールデンパスに至《いた》る共振の段階に進むことができるのです。

ユング心理学をわが国に紹介した河合隼雄《かわいはやお》氏は、『生きるとは、自分の物語をつくること』（作家・小川洋子《おがわようこ》氏との対談）の中で、まさにこの「共振」について触《ふ》れています。患者《かんじゃ》さんの治療《ちりょう》の中で起こる「うまいこと」について、このようなことを言われているのです。

――患者さんが治《なお》ってゆくときには、何か「ものすごくうまいこと」が起こる。患者さんが治っていった話をそのまま書くと、あまりに都合《つごう》のよいことが起こり過ぎて、小説の作品にはならない。そんなうまいことが起こる小説では納得《なっとく》がいかない。でも、実際に患者さんが治ってゆくときには、極端《きょくたん》なことを言えば、「外へ出たら1億円が落ちてた」くらいのことがよく起こる。――

河合氏は、実はこうした「うまいこと」という偶然は、私たちの周囲《しゅうい》に満ちあふれているのではないかと言っています。

――この宇宙には、そうした偶然を起こす、意味の場があると思っている。ただ、その偶然があるにもかかわらず、それに気づくことができない――。

私たちにとって必要なのは、そここに存在する意味ある偶然を見出《みいだ》し、それを引き寄せることです。そして、そのためには、内外合一《うちそとごういつ》の法則を体得《たいとく》し、内界《ないかい》と外界《がいかい》の共振を信じて歩むことなのです。

思い描《えが》いていた大学教授の人生

本章で、私たちを出発地から目的地へと運ぶ力の実践《じっせん》モデルとしてご登場いただくのは、八木陽一郎《やぎよういちろう》さん。八木さんは、現在、東京に本社のある警備《けいび》サービスを中心とする総合ビル管理会社の経営者をされています。

しかし、41歳までの八木さんは、経営学の研究に邁進《まいしん》する香川《かがわ》大学のMBAコースの教授でした（MBAは経営学修士）。

専門は、組織行動論、リーダーシップ論、組織開発。慶應義塾《けいおうぎじゅく》大学大学院博士課程に進学した八木さんは、指導教官がその分野の権威《けんい》であったこともあり、順調に研究を進めることができました。学位を取得した後、香川大学ビジネススクールの准《じゅん》教授に就任《しゅうにん》したのです。

その後も業績《ぎょうせき》を重ね、39歳でそれまでの研究をまとめて学術書《がくじゅつしょ》を出版。そのことも評《ひょう》価《か》され、40歳という若さで教授に就任。大学の内規《ないき》では最年少の教授昇進《しょうしん》でした。

まさに八木さんは、学者として順風満帆《じゅんぷうまんぱん》の歩み出しだったのです。

そして、教授就任後は、組織開発分野の総本山《そうほんざん》とも言えるケース・ウェスタン・リザーブ大学（米国）への留学が決まりました。

これで日本に帰れば、この分野ではさらに認められるに違《ちが》いないと、将来に対する意《い》気揚々《きようよう》としたヴィジョンを八木さんは描《えが》いていたのです。

1本の電話が人生最大の転機に

留学して数カ月、研究がようやく軌道《きどう》に乗り始めたクリスマスの頃のことです。父親の会社を継《つ》いだ義兄から電話が入り、急が告《つ》げられました。

「会社が大変な状況《じょうきょう》だ。このままだとつぶれてしまうかもしれない」

それとともに、会社の資金を少し援助《えんじょ》してもらえないか、という相談でした。

さらに、そのことで、「お父さんに相談してもらえないか」とお願いされたのです。

でも、八木《やぎ》さんには腑《ふ》に落ちないところもありました。

これまで自分は、会社のことにはノータッチ。会社は、ずっと父親と義兄がやってきた……。

「どうしてお義兄《にい》さんが直接《ちょくせつ》、父に相談しないんですか」

思わずそう尋《たず》ねると、

「お義父《とう》さんは、私の話を聞いてくれない」

だから、長男の八木さんから父親に直接話をしてもらえないかということだったのです。

八木さんがお義兄さんから聞いた話を父親に伝えると、父親は激怒《げきど》し、こう言い出したのです。

「何をやってるんだ、あいつは！　もうクビだ！」

「クビにしてどうするの」と八木さんが尋ねると、「俺《おれ》がやる」と父親。

しかし、経営の一線を退《しりぞ》いてからすでに10年以上が経過しており、その間、父親は経営には一切《いっさい》関わっていません。大病後であること、高齢であることを考えると、父親が経営に復帰《ふっき》するのは、どう考えても無理でした。かと言って、父親がここまで怒《おこ》っていることを考えると、義兄が社長を続けるのもむずかしいだろう……。

その後、やりとりを続けましたが、結局、八木さんは、「会社は自分が引き受けるしかない」と決心することになったのです。

「ほかにできる人が誰《だれ》もいない」というのが1番の理由でした。

でも、心のどこかには、「経営学の知見《ちけん》を身につけた自分がやればきっとうまくいくはずだ」という想いもあったでしょう。見事《みごと》に再建《さいけん》を果《は》たし、さらに事業家として成功する姿《すがた》を思い描《えが》いていたかもしれません。

2013年3月、大学に退職願《たいしょくねがい》を提出《ていしゅつ》。現在の会社の社長に就任《しゅうにん》することになったのです。

会社事始《ことはじ》め

当時の八木《やぎ》さんの心境《しんきょう》はどのようなものだったでしょうか。

自分がやりたかった研究をベストな環境で始め、いよいよ思い描《えが》いていた夢《ゆめ》の実現という段階になって、実家の会社のためにその夢を断念《だんねん》し、帰国。これだけの犠牲《ぎせい》を払《はら》って会社に戻《もど》ったのだから、皆から感謝され、期待されての始まりとなるだろう――。

ところが、実際はまったく違《ちが》っていたのです。

まず、相談を持ちかけてきた義兄。

「いろいろと相談はしたが、お前に帰ってきてくれとは一言も頼《たの》んではいない。そもそも、お前にいったい何ができると言うんだ!」

けんもほろろの状態《じょうたい》でした。社員も同じでした。

忘れもしない、最初の朝礼の日――。

八木さんは、大学教授時代、講義《こうぎ》でネクタイをしたこともなく、学生にフランクに話しかけながら、授業を行っていました。それと同じ気持ちで、社員の皆さんに「じゃあ、座《すわ》ってください」と話しかけたものの、誰《だれ》も座りません。

当時の会社は、規律を重んじるあまり、まさに軍隊調で、司会が「休め!」と命じて、ようやく社員が座り始める。そんな状況だったのです。

「社長である自分の言うことなんて誰も聞かないんだ……」

八木さんは、そう思わざるを得《え》ませんでした。

悲惨《ひさん》だった就任《しゅうにん》当時の会社の状況《じょうきょう》

八木《やぎ》さんが社長に就任した2013年4月、当時の会社は、八木さんが想像もしていなかったほど、ボロボロの経営状態でした。

会社には社会保険も十分に整備《せいび》されておらず、未払《みばら》いの残業代がありました。また、社員に対して最低賃金《ちんぎん》さえ保障することができず、ボーナスを削《けず》って、とりあえず利益《りえき》を確保《かくほ》している状況でした。

八木さんが、「これは直《ただ》ちに是正《ぜせい》すべきだ」と言うと、幹部からは「全部支払《しはら》ったら、たちどころに会社は倒産しますよ」と返答される始末《しまつ》。しかも、会社が抱《かか》える問題は、一社だけで何とかなる問題だけではなく、業界自体が抱える根深い課題もあったのです。

わが国の警備《けいび》業界は、1万社近い警備会社が林立《りんりつ》し、その多くが業務《ぎょうむ》内容で特色を出せずに価格競争に走っていました。勢い、採算《さいさん》の取れないような価格で仕事を取ってくることになり、常《つね》に無理な経営状態を強《し》いられていたのです。

そうした背景もあって、八木さんの会社の風土は深刻《しんこく》な問題を抱えていました。

600名の社員を抱えていても、これといった改善《かいぜん》や改革《かいかく》もない、家内制手工業的《かないせいしゅこうぎょうてき》な組織となっていました。

たとえば、警備任務《にんむ》の配置《はいち》に関しても、システムもなければ、ルールもない。場当たり的な配置で何とかやりくりする状況でした。

社内の人間関係は、まるで軍隊のような上意下達《じょういかたつ》。部下はみな上司の顔色ばかりを気にし、建設的な意見など生まれようがありませんでした。幹部会議では、根本的な課題が議論されることもなく、「席次《せきじ》をどうしましょうか」というような些末《さまつ》な話題に終始《しゅうし》していたと言います。

絶体絶命《ぜったいぜつめい》の大ピンチ

では、このような問題山積《さんせき》の状況《じょうきょう》に対して、八木《やぎ》さんは、どのように道をつけようとしたのでしょうか。

八木さんには、「たとえ事態《じたい》は壊滅的《かいめつてき》でも、自分はMBAの専門家《せんもんか》であり、大学で組織論を教えてきた。世界を股《また》にかけて研究活動をしてきた」という自負《じふ》があり、「自分の理論的な知識を生かせば、必ず何とかなるだろう」と楽観《らっかん》する気持ちがありました。

MBAで培《つちか》ってきた知見《ちけん》によって八木さんが第1に行ったことは、コンサルタントに入ってもらうことでした。

今日《こんにち》のコンサルタントの多くは、やはりMBA的な理論と知見に基《もと》づいて、企業を客観的に分析《ぶんせき》し、問題点を明瞭《めいりょう》にして改善《かいぜん》しようとします。

八木さんは、そのことによって、問題が順調に解決してゆく未来を思い描《えが》いたのです。八木さんが依頼《いらい》したコンサルタントは、業界でも有名な方で、自身も会社を上場《じょうじょう》し、政治的影響力《えいきょうりょく》も持っていました。

毎月1回、このコンサルタントが来社し、社員を集めてレクチャーを行う。それが基《もとい》となって、会社に変化が起こってゆく――。八木さんは、そのように考えていたのです。

ところが、現実はそうなりませんでした。そのコンサルタントは、回を重ねるたびに、社員に対して高圧的《こうあってき》、支配的《しはいてき》になってゆき、また自分の話に問題提起《ていき》をされたり、疑問《ぎもん》が出されたりすると、徹底的《てっていてき》にその人をつぶす行動に出る……。人間的に、とても信じられないような人だったのです。

結局、コンサルタントによって会社が持ち上がることはなく、契約《けいやく》を解除《かいじょ》することになりました。

会社はますます抜《ぬ》き差しならない状況になり、八木さんの心は、「倒産したらどうしよう……」という想いで覆《おお》われてゆきます。毎日24時間、寝《ね》ても覚《さ》めても、その想いが頭を巡《めぐ》って離《はな》れることがない。強度のストレスの中で、限界状況《げんかいじょうきょう》を迎《むか》えていました。八木さんの前には、「カオス→受発色《じゅはっしき》→暗転の現実」のエネルギーが、止《とど》まることなく流れていたということです。

「これは、自分が望んで始めたことじゃない。仕方なくやっていること」どうにもならない事態に縛《しば》り付けられている感じでした。

その拘束感《こうそくかん》と圧迫感《あっぱくかん》の中で、身体の疲《つか》れが取れず、硬直《こうちょく》して、街では指圧やマッサージ店の看板《かんばん》ばかりが目に入ってくる状態でした。

お酒の量も増え、体調も悪化してゆきました。ときには、意識がなくなるほど呑《の》んで酔《よ》いつぶれてしまうこともありました。

そして、ついに2016年2月、八木さんは、アナフィラキシーショックで倒《たお》れ、救急車で搬送《はんそう》。3日間にわたって集中治療室に入ることになりました。

さらに追い打ちをかけるように、その5カ月後の7月、ある事件が起こり、八木さんの会社は絶体絶命のピンチに見舞《みま》われることになるのです。

それは、1人の社員が、突然《とつぜん》、亡《な》くなってしまうという出来事でした。

9月になると、労働基準監督署《ろうどうきじゅんかんとくしょ》の調査が入り、「過労死《かろうし》の疑いがある」との通知。

「これまでの就業記録《しゅうぎょう》などをすべて提出《ていしゅつ》するように」との命令を受け、「これは、書類送検《そうけん》は免《まぬか》れません。大変なことですよ」と言われたのです。

八木さんは、社員が突然亡くなっただけでも大変なショックを受けていたのに、追い打ちをかけるかのような試練に絶望的《ぜつぼうてき》になりました。

「ああ、これで会社は確実《かくじつ》に倒産する。これで倒産しなかったら奇跡《きせき》だ——」

何度もそうつぶやきました。

万事休《ばんじきゅう》す——。そうとしか思えなかったのです。

目に見えるものと数字だけを相手にするMBA的手法の限界《げんかい》

会社経営を始めるにあたって、八木《やぎ》さんがよりどころとしたのは、MBA的な経営手法でした。それは、言葉を換《か》えれば、「すべてを数字に置き換える経営」と言ってもよいかもしれません。

その手法を選択し、受け入れたということは、それ以外の見方を選ばず、それ以外の見方ができなくなることを意味します。

八木さんは、大学院で教育を受けた頃から、いわゆる科学的な唯物主義《ゆいぶつしゅぎ》の考えにどっぷりとつかってきました。

「科学は、すべてを数量として測定《そくてい》し、それを数式として表現できなければいけない。目に見えないものなどに興味《きょうみ》関心を持ったら、キャリアがダメになる」

指導《しどう》教官から、そう懇々《こんこん》と諭《さと》されてきたのです。それは、今日、科学に関わる多くの人たちに共通の感覚と言ってもよいでしょう。

まさに200ページ（図9）に書かせていただいたことです。

目に見えるもの、形や数字になるものは、「実《じつ》、確《かく》、主《しゅ》、表《ひょう》、明《めい》」。目に見えないもの、形や数字に表れないものは、「虚《きょ》、儚《ぼう》、従《じゅう》、裏《り》、暗《あん》」。

第3章でも触《ふ》れたように、経営学の分野では、PDCAサイクル（Plan［計画］、Do［実行］、Check［評価《ひょうか》］、Action［改善《かいぜん》］）という実践原則《じっせんげんそく》があります。

PDCAサイクルは、まさに「実、確、主、表、明」の現実世界の中で機能《きのう》します。

しかし、このサイクルでは、サイクルを回す経営者の精神世界のことはまったく触《ふ》れられません。精神の次元、精神世界は、最初から空洞化《くうどうか》しているのです。

内《うち》と外《そと》は切り離《はな》され、見えないつながりなど存在しないことになってしまうのです。

八木さんは、この考えを抱《いだ》いて実家の会社に戻《もど》ってきたということです。MBAの知識と技術は、まさにその象徴《しょうちょう》です。

経営の数字に対する知見《ちけん》には大変な蓄積《ちくせき》があっても、そこには人間の精神世界の多大な影響《えいきょう》は考慮《こうりょ》されていません。そのやり方で経営を進めた八木さんは、いかんともしがたい現実の前で立ち往生《おうじょう》してしまったのです。

「カオス→受発色《じゅはっしき》→暗転の現実」

経営の中で生じているこの流れを、止《とど》めることも、転換《てんかん》することもできませんでした。それどころか、その流れの中で、社員の方が亡《な》くなるという出来事が起こり、絶体絶命《ぜったいぜつめい》の事態《じたい》になってしまったのです。

内外合一《うちそとごういつ》の世界観によって——「魂の学」実践宣言《じっせんせんげん》

八方塞《はっぽうふさ》がりの突破口《とっぱこう》なし。八木《やぎ》さんは、ボロボロの心を抱《かか》えて、「魂の学」の経営者のセミナーに参加することになりました。

見えない世界、内側の世界に対して心を閉《と》ざしてきた八木さんです。知人の勧《すす》めもあって参加してみたものの、最初は恐《おそ》る恐るといった気持ちを抱えて、会場にやって来られたことでしょう。

しかし、実際に参加してみると、常《つね》に内なる心のあり方を問うセミナーの何とも清々《すがすが》しい空気に、驚《おどろ》くほど心がスッキリして、故郷《こきょう》に――還《かえ》るべきところに還ってきたような気持ちになっていました。

セミナーが土台としていたのは、内外合一の世界観です。つまり、「私たちの心と現実は分かちがたく、それを1つに受けとめるまなざしなくして、事態《じたい》の改善《かいぜん》も転換《てんかん》もできない」という生き方にほかなりません。

何よりも驚いたのは、プログラムの中で分かち合われた、埼玉県でバス会社を経営する谷島賢《やじままさる》氏の実践《じっせん》（拙著《せっちょ》『あなたがそこで生きる理由《わけ》』第2章参照）です。

谷島さんは、バス会社の経営にMBA的手法で取り組み、一定の成果《せいか》を出しながらも、その限界《げんかい》に直面し、「魂の学」が大切にする内外合一の考え方に基《もと》づいて、社員の1人ひとりと心を通《かよ》わせて出会ってゆくことで大きな可能性を引き出し、光転の流れを生み出していった方です。

「これだ！」と思いました。

まるで自分と同じではないか。MBAが通用しなかったのもその通り――。

そして、今までいかに自分が何もわかっていなかったのか、その後悔《こうかい》を心に刻《きざ》むことになったのです。

八木さんは、「内外合一という世界観に軸足《じくあし》を移して、会社経営をやってみよう」と決心し、そこにしっかりとした重心をつくってゆかれることになります。

そして、セミナーから帰ってすぐの役員会で、その決心を宣言したのです。

「自分は、これまでMBAでどうにかと思ってきたが、にっちもさっちもいかなくなってしまった。これからは、『魂の学』を基《もと》とした経営をしたい――」

つまり、数字だけ、見える世界だけを相手にするのではなく、現実世界と精神世界、見える世界と見えない世界をつなぐ内外合一を前提《ぜんてい》に取り組んでゆくことを表明《ひょうめい》されたということです。

恐《おそ》れの正体を見抜《みぬ》く

「魂の学」の実践《じっせん》――。それは、空洞化《くうどうか》してしまった自分の内側に対するまなざしを開いてゆくことから始まります。

まず、八木《やぎ》さんが見つめなければならなかったもの。それは、会社の深刻《しんこく》な危機《きき》を前にしたときに感じた、「倒産したらどうしよう」という得体《えたい》の知れない恐ろしさでした。

それは、奈落《ならく》の底に落ちてゆくような、夜も眠れなくなるほどの恐怖心《きょうふしん》でした。

八木さんは、それを苦《く》・衰退《すいたい》の心と受けとめました。

苦・衰退は、事態《じたい》にすぐに「障害《しょうがい》のサイン」を見出《みいだ》して、「もうむずかしい、だめだ」とあきらめて身動きが取れなくなってしまう心です。

恐怖心が心に生じると、私たちは、何が怖《こわ》いのかもわからずに、「あれも怖い、これも怖い」と、恐怖が恐怖を呼び、頭の中がパニックになって、すべてが恐ろしく思えてきてしまうのです。

そんなとき、私たちは何を恐れているのか。その恐怖の正体を見破《みやぶ》ることが、何にも増《ま》して大切になってくるのです。

八木さんは、この心を見つめる中で、あるとき、自分は「倒産」が怖いのではなく、倒産させてしまったときの周《まわ》りの人たちの評価、まなざしが怖いのだということに気づきます。怖かったのは「世間体《せけんてい》」だったということです。


「大学で経営学の教授だったのに、会社を倒産させるなんて、もう自分はどこにも顔を出せない……」

八木さんは、自分の心の中にあった恐怖の正体を見破ったのです。

その後、心は見違《みちが》えるように安定してゆきました。

優位《ゆうい》の心が壊《こわ》す現実を知る

そして、八木《やぎ》さんは、自分を突《つ》き動かしてきた、それとはまったく異《こと》なるもう1つの心も見つめてゆきます。

大学で仕事をしていた頃、企業の社長や管理職の方とお会いする機会が多くあり、そんなとき、よく湧《わ》き上がった想いは、「20年も仕事をしていて部長か。そんな程度《ていど》か」「俺《おれ》が社長をやったら、この会社ももっとうまくゆくのにな」……。

優位に満ちた快《かい》・暴流《ぼうりゅう》の心です。

それは、大学を辞《や》めて父親の会社経営を引き受けようと思ったときに動いた心でもあります。

「自分は経営学の専門家。これまで蓄積《ちくせき》してきた知識や理論を使えば、会社経営も何とかなる。大丈夫《だいじょうぶ》」と楽観したのもこの心の現れでしょう。

しかし、現実はそのようにはなりませんでした。

この受発色《じゅはっしき》は、ご家族にも向かっていました。ここで、八木さんのお許《ゆる》しを頂《いただ》いて、かつての奥様との関わりを少しご紹介します。

奥様との出会いから結婚まで――それは、あっという間の超スピード婚だったのです。12月に初デート。1週間でプロポーズ（父親が病に倒《たお》れたこともあり、早く結婚して孫の顔を見せてあげたいという背景もあったのですが……）。

「俺《おれ》は忙《いそが》しいんだから、すぐに結論を出してくれ。お前にとって、これ以上素晴《すば》らしい考えはない。なんで即決《そっけつ》しないんだ」。そんな感じだったと言います。

そして、幸せな結婚生活が始まったものの、八木さんは、快・暴流の心のまま、奥様との関係をつくってしまいます。

八木さんにとって、本当に悲しかった思い出――。それは、40歳で大学教授に昇進《しょうしん》した日のこと。

「妻はきっと歓《よろこ》んでくれる。家に帰ったらご馳走《ちそう》だ。どんなプレゼントが待っているんだろう!?」

期待に胸を膨《ふく》らませて帰宅《きたく》した八木さんでした。

しかし、その期待は見事《みごと》に裏切《うらぎ》られました。家には何も用意されていなかったばかりか、奥様が歓んでいる気配《けはい》さえなかったのです。

今では笑い話のような思い出ですが、もし、そのまま進んでいってしまったら、取り返しのつかない不本意な現実を招《まね》いていたかもしれません。

かつての八木さんは、自分中心の発想が強いあまり、受信が疎《おろそ》かになって、様々な問題を起こしてしまう快・暴流の心そのものだったということです。

八木さんは、これまで人生の中で、思わず「何でこうなってしまうのだろう」とつぶやかざるを得《え》ない、理不尽《りふじん》としか思えないような多くの事態《じたい》に遭遇《そうぐう》してきました。

「しかし、結局、それらは皆、自分の心がつくり出していた結果だった」

やがてそう得心《とくしん》するようになった八木さんは、まさに自分の心が人生に残してきた足跡《そくせき》を認《みと》めることができるようになっていったのです。

内なる心のリアリティを奪回《だっかい》する

人間の心は、常《つね》に揺《ゆ》れ動いています。ここまで、苦《く》・衰退《すいたい》、快《かい》・暴流《ぼうりゅう》の心をお話ししてきましたが、八木《やぎ》さんの心には、苦《く》・暴流《ぼうりゅう》もよく現れてきます。

「魂の学」の実践者《じっせんしゃ》の多くは、普段《ふだん》から、心の動きを振《ふ》り返る止観《しかん》——心を止めて観《かん》ずることに取り組みます。その実践には「止観シート」を使います。「止観シート」は、

日々の出来事の中で、自らの心＝受発色《じゅはつしき》がどう動いたかを見つめるシートです。ある出来事が起こって心が強く動いたと感じたとき、立ち止まって、「感じ→受けとめ→考え→行為《こうい》」というステップで心の動きを意識化することによって、自分の心のはたらかせ方のくせをつかむことができるようになります。

八木さんが日々取り組んだ「止観シート」にもっとも多く現れたのが、苦・暴流の怒《いか》りの心でした。多くの方にとっても、心の動きとしてわかりやすいのが苦・暴流です。八木さんの場合、事態《じたい》が自分の思い通りに動かないとき、イライラするとき、自尊心《じそんしん》が脅《おびや》かされるとき、言葉にならない情動《じょうどう》が湧《わ》き上がっていました。

それを八木さんは「止観シート」に「おらおらおらおらぁ〜っ」と書いています。ここでは、その中の1枚を八木さんのご許可《きょか》を頂《いただ》いて掲載《けいさい》させていただきます（「止観シート」には、しばしば、激しく荒々《あらあら》しい言葉が出てきますが、それは、誰《だれ》にも知られない内心《ないしん》の言葉を、ありのままに記《しる》して見つめることを大切にしているからです）。

八木さんは、1日の中で、相手を威嚇《いかく》して脅《おど》すような「おらおらおら」が何度も出てくることを発見します。現実世界で様々な出来事がドラマチックに起こるように、心の世界でも、それ以上に激《はげ》しいドラマが繰《く》り広げられている——。

止観シート

中道を歩む：ちょっと待てよと止観する

2018 年　10 月　4 日　　　　　　本部　東京　　氏名　八木陽一郎

出来事

Aさんが私とのアポイントを直前でキャンセルしてきた。

感じ

エッ!?

↓

受けとめ

ふざけんなよぉ（おらおらおらおらぁ〜っと 燃えてくる感じ）

↓

考え

なめてんのか? 俺に対してドタキャンなんてありえないだろ。
思い知らせてやる。

↓

行為する

今後Aさんのアポイントは入れないとつぶやいた。

出来事で出てきたつぶやき

思い知らせてやる

どこでちょっと待てよをかけますか

怒りが湧き上がってきたとき。怒りモードに入ったら 10 秒ゆっくり呼吸する。
『新・祈りのみち』の「怒りが湧き上がるとき」を読む。

八木さんは、そのことに目が見開かれてゆきました。

八木さんの会社に訪《おとず》れた絶体絶命《ぜったいぜつめい》のピンチ——労働基準監督署《ろうどうきじゅんかんとくしょ》の調査《ちょうさ》は、カオスにほかなりません。

目の前のカオスに、私たちの心は入《はい》り込《こ》んでいます。もし、恐怖《きょうふ》に呑《の》み込まれたり、上から目線になったり、怒りに覆《おお》われたりといった不安定な心でこのカオスに触《ふ》れたなら、そこにゴールデンパスを開くことは決してできません。

しかし、八木さんは、自らの心の世界に対するリアリティを取り戻《もど》してゆきました。

心の世界は、空《むな》しいものでもはかないものでもない。現実世界に勝《まさ》るとも劣《おと》らないリアリティを抱《いだ》いている——。

八木さんは、まさに虚実転換《きょじつてんかん》を果《は》たしてゆくことになったのです。

労働基準監督署《ろうどうきじゅんかんとくしょ》は「敵《てき》」ではなく「同志《どうし》」

では、八木《やぎ》さんは、どのような実践を重ねていったのでしょうか。

まず、前に現れた試練である労働基準監督署の調査を、八木さんは、カオスと受けとめました。

八木さんは、幹部《かんぶ》と一緒《いっしょ》に、目の前の事態《じたい》をカオスと捉《とら》え、「そのカオスの姿《すがた》をしっかり見よう」という真摯《しんし》な気持ちで、現状《げんじょう》をもう一度、点検《てんけん》してゆくことにしました。

八木さんは、それまで「事実はよくわかっている。専門家の僕《ぼく》が言っているのだから間違《まちが》いない」と受けとめていました。

でも、実はそうではなかった——。圧迫《あっぱく》される状況《じょうきょう》の中で、自分が完全に恐怖心《きょうふしん》に呑《の》まれ、最悪の方向に行くしかないと思い込《こ》んでいたことを発見したのです。

では、現実はどうだったのでしょうか。

会社はつぶれていない。書類送検《そうけん》もされていない。ご遺族《いぞく》から慰謝料《いしゃりょう》を請求《せいきゅう》されたわけでもない——。

その事実に立つことで、八木さんは苦《く》・衰退《すいたい》の恐怖心を転換《てんかん》し、「できることを全力でやってゆこう」と再出発できたのです。

そして、会社を適正化《てきせいか》するためのプロジェクトを立ち上げ、3つの課題に挑戦《ちょうせん》しました。それは、①長時間残業の適正化、②賃金《ちんぎん》の適正化、③契約物件《けいやくぶっけん》の適正化。

しかし、これは決して平坦《へいたん》な道ではありません。経営者の方ならば、この3つの適正化にまともに取り組むことがいかに大変なことか、よくおわかりになるでしょう。そこから、財務上《ざいむじょう》の大きな負担《ふたん》が発生することは明白《めいはく》でした。

そのため、八木さんは、あらかじめ取引銀行にこの挑戦について説明し、「一旦《いったん》赤字になっても、あえてこの適正化の取り組みを選択したい」とお願いして、理解を得《え》ることができたのです。

そして、2017年4月、労働基準監督署で、改善《かいぜん》のためのプレゼンを行うことになりました。

ここでも、八木さんの受発色の転換が重要でした。

最初、八木さんにとって、労働基準監督署は、自分たちの会社の足《た》りない点を指摘《してき》し、それを問題視して、会社を苦境《くきょう》に陥《おとしい》れようとする「敵」でしかありませんでした。

しかし、八木さんは、ここで立ち止まります。

「本当にそうなのだろうか。そんなことはないはずだ」

八木さんが心がけたことは、労働基準監督署は「敵」ではなく「同志」ということです。会社を本来の姿《すがた》に戻《もど》してゆくために、力になってくれる同志であると受けとめたのです。

「プレゼンでは、包み隠《かく》すことなく、自分たちの本心を語ろう」

労働基準監督署の調査をカオスと受けとめた八木さんは、会社を適正化するためのプロジェクトを推進した結果、社内に自発的な意見を出し合う風土が生まれ、社員1人ひとりが輝く会社へと変貌した。写真は、社内の研修室で、社員の方々に話をする八木さん。

実際のプレゼンは、この適正化の取り組みも含《ふく》めて、「何がダメだったのか」「どんな願いで取り組んでいるのか」「何をめざしているのか」という3本の柱で行いました。

八木さんの会社を担当《たんとう》した監督官は、当時、過労死《かろうし》の問題で社会的に大きな話題となった電通《でんつう》の案件を扱《あつか》った方。厳格《げんかく》なことで知られていたため、厳《きび》しい指摘を覚悟《かくご》していた八木さんでした。

すると、その担当官から思わぬ反応が返ってきたのです。

「会社の取り組みは素晴《すば》らしいです。ぜひ、業界のお手本になってください」

その言葉を聞いた八木さんは、心からうれしく思いました。この半年、一から立て直す想いで、社員と一丸《いちがん》となって取り組んできたことが報《むく》われた想いでした。

あまりにうれしかったため、一緒《いっしょ》に訪れていた幹部《かんぶ》たちと、隣《となり》にあった喫茶店《きっさてん》でケーキと紅茶で乾杯《かんぱい》を上げたほどです。

勢《いきお》いを得た改革がさらに進められた結果、会社は大きく変わりました。

社内の様々なルール、システムが整《ととの》えられ、警備員配置のシステムも、会議の進め方も、社員間の意思疎通《いしそつう》も改善されました。

その結果、残業者数については、２０１６年には45時間以上99人、70時間以上55人だった状態が、2018年には45時間以上19人、70時間以上0人と激変《げきへん》です。

社会保険には、ほぼ全員の社員が加入。

未払い残業代ゼロ、労働時間管理体制が強化され、長時間労働ゼロへ。

そして、2018年6月、再び労働基準監督署に赴《おもむ》き、改革の取り組みを報告しました。担当官からは、「これでご卒業。書類送検はなしです」との通達《つうたつ》。

そればかりか、こんな言葉までかけられたのです。

「普通《ふつう》はここまでできません。他社のお手本として紹介させていただきます」

八木さんは感無量《かんむりょう》でした。

新たなカオスが現れるとき

「カオス→受発色《じゅはっしき》→光転・暗転の現実」は、1つのサイクルによりその結果が出ると、それがまた次のサイクルを起動《きどう》させることになります。

ここまでに八木《やぎ》さんがつくり出した光転の現実は、さらに新たなカオスを生み出し、新たな挑戦《ちょうせん》へと向かわせることになるのです。

先にも触《ふ》れたように、これだけの改革《かいかく》を断行《だんこう》すれば、当然、多くのコストがかかり、経営を圧迫《あっぱく》します。実際、社会保険の問題、残業の問題を解決した結果、この期間で抱《かか》えた全体のマイナスは9500万円。八木さんの会社の規模《きぼ》では、それは決して小さな額《がく》ではありません。

このようにして、新たなカオスが出現《しゅつげん》したということです。

そのマイナスを2018年度の予算計画に計上《けいじょう》し、9500万円の赤字見込《こ》みから出発した新年度でした。

ところが、会社の改革を続ける中で、全体の効率化《こうりつか》が進み、また新たな発注《はっちゅう》を頂《いただ》いたことで、2018年度の決算は奇跡的《きせきてき》に黒字となったのです。

「カオス→受発色→光転の現実」の流れはやまなかったということです。

八木さん自身、この結果には驚《おどろ》きを隠《かく》せませんでした。

努力が実を結んだというだけではなく、そこには、自分たちを押《お》し上げるような力がはたらいていると感じたのです。

それは、第1章で触《ふ》れた指導原理《しどうげんり》に運ばれて、事態《じたい》の光転循環《じゅんかん》が起こり、「カオス→受発色→光転の現実」の流れが促進《そくしん》されたということではないでしょうか。

こうして会社は健全化《けんぜんか》し、社内には自発的な意見を出し合う風土が生まれています。

何よりも、社員1人ひとりが輝《かがや》く会社に成長したのです。

なぜゴールデンパスが現れたのか

いかがだったでしょうか。八木《やぎ》さんが歩んだ道。それはまさに、絶体絶命《ぜったいぜつめい》の事態《じたい》に開かれたゴールデンパスと呼ぶにふさわしい道すじであったと思います。

私たちは、第2章から第4章にかけて、ゴールデンパスの3つの段階を確かめてきました。

第2章は、目の前の事態をカオスと捉《とら》えること——。

それが、ゴールデンパスの「出発地」でした。

第3章は、青写真を描《えが》くこと——。

それが、ゴールデンパスの「目的地」となります。

そして、第4章（本章）では、その2つをつなぐための「運ぶ力」について考えてきました。

八木さんが歩んだ道は、まさに、この3つの段階を経《へ》ていることがよくわかります。

八木さんが、今回の試練に最初に直面した時点では、そこには、マイナス材料しか見つけることができなかったはずです。

しかも、八木さんが「それまで培《つちか》ってきたMBAの知識で何とかなる」と思ったのにどうすることもできず、お手上げになってしまった。それは、バツ・バツのバツ。そこから、光転へ向かう道を描くことなど、到底《とうてい》不可能に思えたことでしょう。

しかし、八木さんは、「魂の学」の内外合一《うちそとごういつ》のまなざしを基《もとい》とすることを決意。目の前の事態を、カオスと捉えたのです。ここで、八木さんは、ゴールデンパスの出発地に立つことになります。

青写真についてはどうでしょうか。

この歩みの途上《とじょう》で、私は、何回か八木さんとお会いする機会を頂《いただ》き、その時々に私が必要と感じた助言をさせていただくことになりました。その間、八木さんの事態に対する捉え方が大きく変わっていったことを感じずにはいられませんでした。

初期の段階では、「何で自分はこんなことに巻《ま》き込《こ》まれてしまったのだろう」「これは、望んでやっているのではなく、させられているようなものだ」「できることなら、かつての大学の仕事に戻《もど》りたい」。そんな気持ちさえ、抱《いだ》いていたことでしょう。

しかし、あるときから、「自分がこの事態を引き受けたことには必然がある」「このカ

講演会終了後、ロビーで八木さんと対話する著者。密度の濃い集中した時間の中で、八木さんは、本当の意味で「現場」に飛び込み、皆で心を合わせて問題解決に向かってゆくことの大切さに一層深く目覚めていった。

オスが自分めがけてやってきた」「これに応《こた》えることは自分のミッションなんだ」というように、青写真にアクセスする姿勢《しせい》――必然の自覚を深めてゆかれたのです。

その頃には、この事態が行き着く未来、目的地にある青写真が、八木さんの心に映《うつ》っていたのではないでしょうか。

この変化をもたらしたのは、カオス発想術《じゅつ》やウイズダム（第5章参照）などによって「魂の学」の理解を深め、現実と突《つ》き合わせながら、仲間と共に重ねてきた実践の歩みにほかなりません。

そして、本章では、その出発地から目的地へ運ぶ力が、どのように生み出されるのかを見つめました。かつての八木さんは、現実世界＝「実《じつ》、確《かく》、主《しゅ》、表《ひょう》、明《めい》」、精神世界＝「虚《きょ》、儚《ぼう》、従《じゅう》、裏《り》、暗《あん》」という人間観・世界観の信奉者《しんぽうしゃ》でした。その八木さんが、人間の心の世界、内界のリアリティを強め、内外合一のサイクルを回すことができるようになるにしたがって、目的地へ運ぶ力が徐々《じょじょ》に大きくなっていった歩みを、そこにたどることができるでしょう。

八木さんが歩んだ道すじは、本書でここまでお話ししてきたゴールデンパスがつくられてゆくプロセスに、寸分違《すんぶんたが》わぬ形で寄《よ》り添《そ》うものであると言っても過言《かごん》ではありません。

かつて、大学で教鞭《きょうべん》をとっていた頃の八木さんならば、これをご覧《らん》になって、「まさにセオリー通り」――。そうおっしゃるのではないでしょうか。

これは、フィクションではありません。実際に起こった事実です。

その道すじは、宇宙・自然を貫《つらぬ》く法則に合致《がっち》した内外合一の生き方が導《みちび》く、ゴールデンパスの軌道《きどう》以外の何ものでもないのです。

第5章

ゴールデンパスを歩むために——ウイズダム実践《じっせん》

いよいよ実際にゴールデンパスを歩む時がきた。
そのための強力な後押《あとお》しをしてくれるのが、
「ウイズダム」という実践《じっせん》メソッドだ。
ウイズダムに取り組むことによって、
ゴールデンパス――絶体絶命《ぜったいぜつめい》の中に開かれる
奇跡《きせき》の道をつくり出す準備が整うのである。

ゴールデンパスをつくるための3つのステップ

いよいよ最終章です。ここまで、第2章から第4章を通して、ゴールデンパスを歩むための3つのステップについてお話ししてきました。

3つのステップを歩む前提《ぜんてい》は、まず、第1章で触《ふ》れた「魂の学」の人間観・世界観を念頭《ねんとう》に置くことです。見える世界と見えない世界を切り離《はな》すことなく1つに結ぶ、内外《うちそと》合一《ごういつ》の世界観。そして、「私たちは誰《だれ》もが永遠の生命を抱《いだ》く魂の存在《そんざい》である」という人間観を心に置くことで、準備は整います。

そして、3つのステップの第1は、目の前の事態《じたい》を、カオスと捉《とら》えるところから始まります。それが、ゴールデンパスを歩む出発地となります。

第2は、ゴールデンパスの到達点《とうたつ》、目的地を明らかにすること。カオスには、それが本来そうなるべき形、青写真があり、その青写真にアクセスするということでした。

第3は、目の前の事態を、その出発地から目的地へと運ぶ力を生み出すこと。その力が生まれてくるのは、私たちの心です。まずは、心の中にあるカオスを暗転させてしまう原因を見つめ、取り除《のぞ》き、光転を導《みちび》く力を呼び出すことが求められるのです。

本章では、実際に、皆さんにそのゴールデンパスをつくり出すステップをたどっていただくために、「ウイズダム」という取り組みをご紹介したいと思います。

ウイズダムとは、「魂の学」における問題解決と新たな現実創造のための、内外合一の原則《げんそく》に貫《つらぬ》かれた実践メソッドで、様々な形式と形態を有《ゆう》するものですが、本書では、「カオス→受発色《じゅはっしき》→光転・暗転の現実」という人生創造の方程式に沿《そ》った形で説明させていただきます。

宇宙との響働《きょうどう》のために

ウイズダムを実践《じっせん》するとは、まず268〜269ページに掲載《けいさい》したウイズダムシートに取り組むことです。

□ウイズダムシート

(1)目的地・青写真を描《えが》く
(2)出発地・カオスと向き合う
(3)運ぶ力を創《つく》り出す①——暗転の受発色《じゅはっしき》を止《と》める
(4)運ぶ力を創り出す②——光転の受発色を呼び出す
(5)アクションプログラム

しかし、大切なことは、ただシートに記入することではありません。心を込《こ》めて、シートに入魂《にゅうこん》するように記入することです。

そして、ウイズダムの目的は、単にシートを書き上げることではなく、そこに記《しる》された歩みを現実に実践することなのです。その意味で、シートは、あくまでも手段《しゅだん》であり、介在《かいざい》です。

第1章でもお話ししたように、真《しん》にゴールデンパスを歩もうとするならば、そこには、人智《じんち》を超《こ》えた力の助力が必要となります。宇宙との響働の力が求められるのです。

宇宙との響働は、それを果《は》たそうとする人の準備が整っていない限り、決して起こりません。ウイズダムは、宇宙との響働を起こす準備を整えるプロセスでもあるということです。

ゴールデンパスを歩むイメージトレーニング

ウイズダムは、私たちが、実際にゴールデンパスを歩む前に、その道すじをありありと心に描《えが》くための取り組みです。

スポーツ選手がよく行う訓練法《くんれんほう》の1つに、イメージトレーニングがあります。近年、

パート1　目的地・青写真を描く

光転の現実

暗転の現実

パート5　アクションプログラム

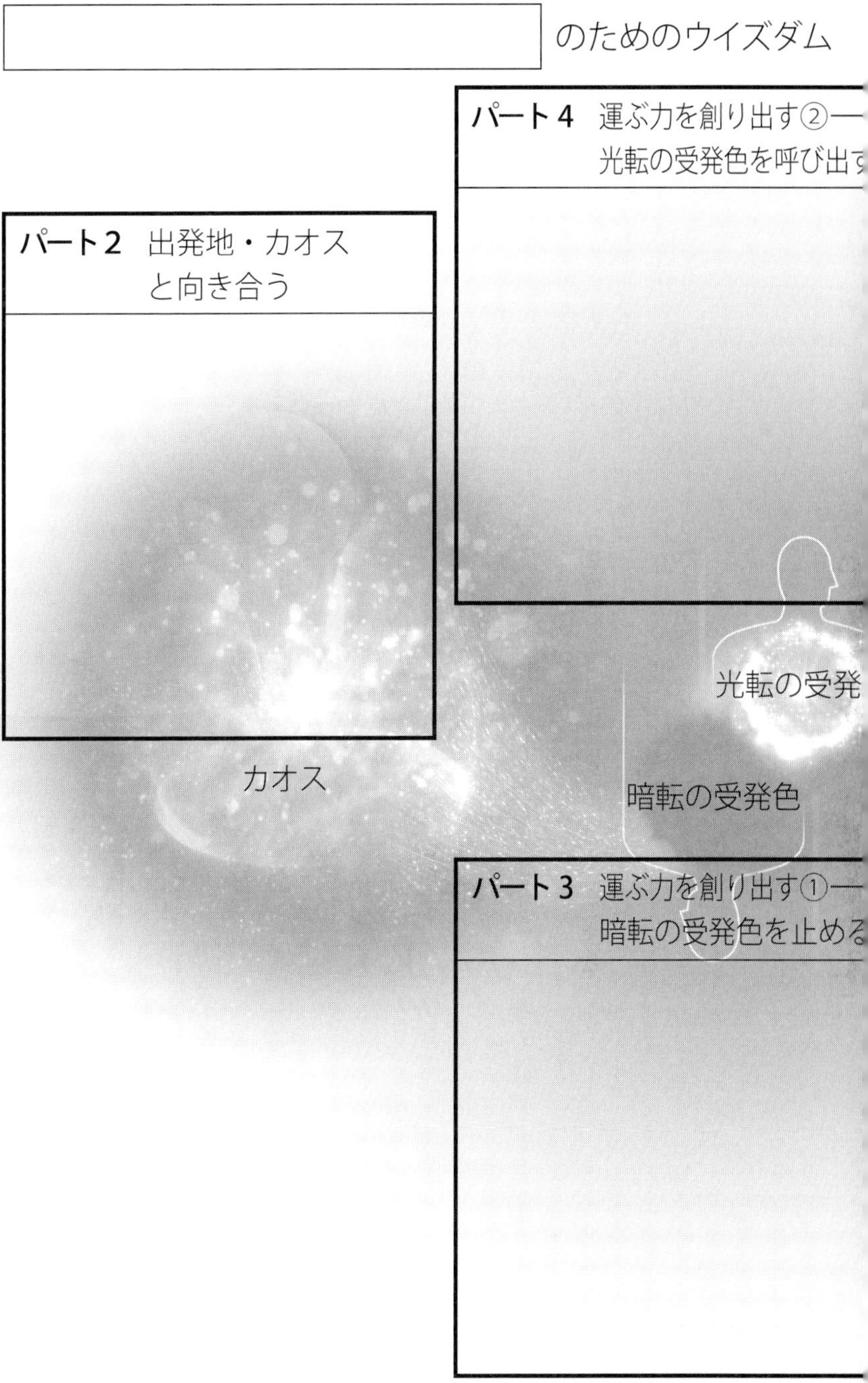
のためのウイズダム
パート4　運ぶ力を創り出す②―
光転の受発色を呼び出す
パート2　出発地・カオス
と向き合う
光転の受発
カオス
暗転の受発色
パート3　運ぶ力を創り出す①―
暗転の受発色を止める

様々なスポーツで取り入れられていますので、ご存《ぞん》じの方も少なくないでしょう。

ゴルフのスウィングやパッティング、野球の投球や打撃《だげき》のフォーム、サッカーのフリーキック、水泳のフォームなど、実際《じっさい》に身体を動かさずに、理想的な形で動いている自分を思い描くことによって、技術や戦術を向上させる訓練《くんれん》です。

このトレーニングでは、頭の中でイメージするだけで、実際に身体を動かしているときと同じように、脳が活動すると言われています。

ウイズダムに取り組むことは、このイメージトレーニングに似《に》ています。

ウイズダムとは、「ゴールデンパスがこのようにつくられ、私はその道をこのように歩んでゆく」――そのイメージトレーニングなのです。

ウイズダムは、シートに書くことが目的ではないと言いましたが、その目的の1つがまさにそこにあるのです。実際にその道を歩む前に、あらかじめ、心の中でそれを体験し、心をはたらかせてみるということです。それは、シートの上で、ゴールデンパスを歩む新しい自分を動かしてみることを意味します。

ウイズダムの歴史

読者の皆さんの中には、これまでにＧＬＡの集いにご参加くださった方もいらっしゃるかもしれません。

ＧＬＡの集いは、多くのボランティアの方々の活動に支《ささ》えられています。その方々が様々な集いを準備し、当日の運営に従事《じゅうじ》する活動をプロジェクトと呼んでいます。

プロジェクトとは、自らを深めてゆく「研鑽《けんさん》」と、集いを支える「奉仕《ほうし》」が一体となった活動の場です。

プロジェクトに参加される皆さんは、奉仕活動を通して、仲間と一緒《いっしょ》に自分の心を見つめ、新しい自分を生み出そうと懸命《けんめい》に取り組まれています。

そして、そのプロジェクトにおいて、メンバー1人ひとりが取り組むのが、ウイズダムなのです。

プロジェクトでは、あらゆる活動の前提《ぜんてい》として、まずウイズダムに取り組みます。

ウイズダムなしに作業が始まるということは決してありません。

それぞれのプロジェクトの目的、メンバーの願いを確かめ、現状《げんじょう》を把握《はあく》し、心を転換《てんかん》して新たな人間関係をつくり、実践《じっせん》のステップを明らかにすること……等々。そして、その活動を通して、ゴールデンパスをつくり、それを具体的に歩む体験を重ねてゆくのです。

このウイズダムというメソッドは、私が1977年に考案《こうあん》し、GLAの活動に導入《どうにゅう》して以来、約45年の歴史があります。その間、何万人という方々がウイズダムに取り組み、ウイズダムによって導《みちび》かれるゴールデンパスを体験してきました。

本来、ウイズダムは、そのような活動と一体となって取り組むことが理想です。

しかし、ここでは、読者の皆さんに、ウイズダムの醍醐味《だいごみ》を少しでも知っていただきたく、その基本をご紹介します。

ウイズダム・パート1　目的地・青写真を描《えが》く

ウイズダムの取り組みは、ゴールデンパスが行き着く先、目的地を描くところから始まります。

目的地とは青写真です。その青写真を願いとして、自らの内に刻《きざ》むことが大切です。すなわち、「こうしたい」「こうなってほしい」「こういう現実を生み出したい」という意志《いし》を持ったエネルギーとなって、初めて力が生まれるのです。

ただ、留意《りゅうい》していただきたいのは、それが宇宙・自然の法則、神理《しんり》にかなっている願いでなければ、ウイズダムの本当の力は発揮《はっき》できないということです。

たとえば、いくら強い願いであっても、自己中心的な考えや他の人を傷《きず》つけるような想いはふさわしくありません。

自分のことだけではなく、関わる人たち、地域や社会に痛み、混乱《こんらん》、停滞《ていたい》、破壊《はかい》をもたらしている現実を、歓《よろこ》び、調和、活性《かっせい》、創造《そうぞう》へと転換《てんかん》しようとするのが、神理にかなった「願い」というものです。

第3章で紹介した浅野さんも脇本《わきもと》さんも、周囲の方々や被災地《ひさいち》の人々に対する思いやりがなければ、それぞれの青写真を見出《みいだ》すことはできなかったでしょう。

本書では、まず、目の前の事態《じたい》をカオスと捉《とら》え（第2章）、次に、目的地を心に描く（第3章）という順で、ゴールデンパスを歩むステップを紹介してきました。

ですので、ウイズダムに実際に取り組もうとするとき、最初に目的地を描くことに戸《と》惑《まど》いを感じる方もいらっしゃるかもしれません。

願いがはっきりしている場合——あらかじめ取り組みたいテーマが決まっているときや、解決すべき問題、生み出したい現実が明瞭《めいりょう》なときは、最初に目的地を明らかにするのは、実に合理的なステップとなります。

でも、もし、最初に目的地を描くことがむずかしいと感じる場合は、次の「出発地・カオスと向き合う」のステップに先に取り組み、その後、目的地を描くステップに戻《もど》ってもかまいません。

しかし、その場合も、目的地を描いた後、再《ふた》び、先に取り組んだカオスの姿《すがた》を捉え直していただきたいのです。

なぜなら、私たちが、どのような目的地を描くかによって、目の前のカオスの姿は大きく変わってしまうからです。一度、目的地を描いても、私たちの心のありよう、想いや考えの変化によって、その目的地が進化すれば、目の前のカオスは姿を変えてしまう可能性があるということです。

つまり、本当の目的地を探《さが》し続ける姿勢《しせい》を忘れないでいただきたいのです。

第3章で取り上げた森谷《もりたに》さんの青写真は、事態の推移《すいい》の中で大きく変わりました。当初、会社を立て直すことだった青写真が、最終的には、想像《そうぞう》もしなかった閉業《へいぎょう》に描き直されたこと。それは、全体の未来——社員の幸せとショッピングセンターの継続《けいぞく》を優先《ゆうせん》した森谷さんの心境《しんきょう》の変化とともにありました。

パート1の取り組みでは、第3章でお話しした「カオスには、本来そうなるべき形、青写真がある」ということを、まず強く心に念じていただきたいと思います。そして、皆さんが行くべき先、ゴールデンパスの到達点《とうたつてん》を明らかにしていただきたいのです。

ここで描かれた目的地が、青写真から外《はず》れていては、私たちは宇宙との響働《きょうどう》を起こすことはできないからです。

青写真の多くは、そこに関わる人たちそれぞれの進化《しんか》を促《うなが》します。これまでの生き方では、何かのピースが不足するのです。

青写真に近づいているとき、私たちは見違《みちが》えるようにすっきりとした感覚を抱《いだ》きます。無理、ムラ、無駄《むだ》がなくなり、目的地に向かって集中できるようになります。

もし、大人数で取り組んでいるプロジェクトなら、全員が心から「このことを果《は》たしたい」と願う一体感が生まれるでしょう。

さあ、それでは、パート1について、ウイズダムシートに取り組んでみましょう（実際には、本章を最後まで読み終えてから、再びここに戻って取り組まれることをお勧《すす》めします）。

□パート1・ワーク

シートにしたがって、最初のワークに取り組みます。

あなたが今、心から果《は》たしたいことはどのようなことでしょうか。自分の願望という以上に、そこに青写真として託《たく》されていることは何だと思われますか。その2つが1つになるのが、私たちが求めるべき青写真です。

実現すべき青写真、到達《とうたつ》すべき目的地について、思い描いてみましょう。

そして、それを端的《たんてき》な言葉で、パート1の枠内《わくない》に記《しる》してください。

いきなり枠内に書き込む前に、別途《べっと》メモ用紙を用意していただき、そこに自由に書いてみた上で、それをまとめてシートに書き込むようにしてください。

本書では、シートは見開きになっていますが、A4やB4サイズなどに拡大コピーしていただくと、より書きやすいシートになります。

ウイズダム・パート2　出発地・カオスと向き合う

続いて、ゴールデンパスの出発地となる、目の前のカオスに向かい合うステップです。

まず、これまで何度となく申し上げてきましたが、カオスとは、私たちが直面する事《じ》態《たい》、出来事、現実です。私たちが置かれている状況《じょうきょう》と言ってもよいかもしれません。

それを、まだ形も輪郭《りんかく》も決まっていない、結論も結果も出ていない、光と闇《やみ》、可能性と制約《せいやく》が孕《はら》まれた、混沌《こんとん》とした状態《じょうたい》=カオスと受けとめることがこのパートです。

あなたが今、向き合っている事態、現実、あなたが置かれている状況は、どのようなカオスでしょうか。

ここでは、そのカオスを捉《とら》えるにあたって、2つのコースをご紹介します。

Aコース：呼《よ》びかけカオスと向き合う

すでに扱《あつか》うべき事態があり、その事態に対処《たいしょ》することが求められている場合を考えてみましょう。そのとき、その事態は、「呼びかけカオス」として私たちの前に現れていることが多いと言えます。

必要なことは、目の前の事態=カオスの中に、どのような暗転の因子《いんし》、光転の因子があるのかを、しっかりと捉えることです。

そのカオスが試練という形で現れている場合は、その事態は皆さんにとって、バツに見えているに違《ちが》いありません。

しかし、何となくその事態を見ていると、小さなバツが巨大《きょだい》なバツに、1のバツが10

のバツに見えてしまうことが少なくないのです。つまり、カオスの中にある暗転の因子を、等身大《とうしんだい》に見つめることが大切ということです。

次は、光転の因子を考えてみましょう。向き合うカオスの中に、どのような光転の因子を見つけることができるでしょうか。

バツに気を取られて、マルが見えなくなっているかもしれません。

本来、そこにあるはずのマルが見えなくなってはいないでしょうか。

カオスの中には、必ず光転の因子が孕《はら》まれています。暗転の因子だけのカオス、光転の因子だけのカオスは存在しません。

Bコース：テーマカオスと向き合う

Bコースは、目の前の事態の中から、「テーマカオス」を取り出そうとする取り組みです。

自分の中に、どうしても果《は》たしたい願いがあるとき、挑戦《ちょうせん》したいテーマがあるとき、私たちはテーマカオスと向き合うことができます。

第2章で詳《くわ》しくお話ししたように、テーマカオスを捉えることは、より高度な課題となります。

それは、イベントカオスや呼びかけカオスの場合は、カオスが何らかの形やしるしを現した後、受け身の状態でそれに応《こた》えることになりますが、テーマカオスの場合は、カオスがまだその形のかけらすら見せていない状態にあるとき、私たち自身が主導権《しゅどうけん》をもって積極的にカオスを見出《みいだ》し、未来に向き合うことになるからです。

テーマカオスに挑戦しようとする方は、ぜひ、第2章のコラムで触《ふ》れた「弱点の克《こく》服《ふく》」「前提《ぜんてい》の点検《てんけん》」「挑戦の始動《しどう》」のそれぞれの問いかけと向き合ってみていただきたいと思います（128～131ページ）。その1つ1つの問いかけに応えてゆく中で、きっと皆さんの前にテーマカオスが現れてくるでしょう。

では、パート2について、ウイズダムシートに取り組んでゆきましょう（実際には、本章を最後まで読み終えてから、再びここに戻って取り組まれることをお勧めします）。

□パート2・ワーク

あなたの目の前にはどのようなカオスが立ち現れているでしょうか。

何よりもまず、そのカオスの顔をじっと見つめてください。

そこに現れている光も闇《やみ》も、可能性も制約《せいやく》も、ありのままに受けとめてください。どのようなことでもけっこうですので、メモしてみましょう。

そして、そのカオスが、Aコースの呼びかけカオスか、Bコースのテーマカオスかも、考えてみてください。

主に問題や試練、解決すべき課題として立ち現れていると感じるなら、それは、多くの場合、呼びかけカオスとして受けとめることになります。呼びかけカオスのパートを読み直しながら、どのようなカオスが立ち現れているのか、メモを取ってみましょう。

一方、新たな挑戦を促《うなが》されていると感じた場合は、あなたの目の前のカオスは、テーマカオスかもしれません。テーマカオスだと感じた場合は、第2章の章末のコラムの問いかけにしたがって、「弱点の克服」「前提の点検」「挑戦の始動」を意識化してみましょう。

メモ用紙にカオスの顔を様々に記したら、それを整理して、パート2の枠内《わくない》に記入してください。

ウイズダム・パート3
運ぶ力を創《つく》り出す①――暗転の受発色《じゅはつしき》を止《とど》める

ここまで私たちは、ゴールデンパスの出発地と目的地を明らかにしてきました。

次は、それらをつなぐ運ぶ力を生み出すステップです。

この取り組みは、大きく2つに分けられます。

第1は、私たちの内側にある、カオスを暗転に結晶化《けっしょうか》させてしまう暗転の受発色を見つめ、知り、それを止めることです。

ぜひ第4章の4つの心のタイプを参照していただきたいと思います（209〜212ページ）。今、カオスを前にしているあなたの心は、どのような受発色をつくり出そうとしているでしょうか。

その受発色によって、目の前のカオスから偏《かたよ》ったサインを取り出してしまっているはずです。それを、しっかりと見つめていただきたいのです。

その手がかりは、あなたのこれまでの人生の至《いた》るところにあります。暗転の受発色を見つめ、明らかにするヒントは、過去の自分を振《ふ》り返る中にあるということです。

きっと誰《だれ》もが、様々な失敗や思い通りにいかなかったこと、期待通りの結果にならなかったこと、途中《とちゅう》で頓挫《とんざ》し、あきらめてしまったことなど、多くの暗転の現実を経験してきたことでしょう。それらを思い出していただきたいのです。

そして、これまでの人生を通して、現在と同じようなカオスと向き合った経験があるに違《ちが》いありません。そのとき、あなたは、どのようにそのカオスを捉《とら》え、そこに形をつけてこられたのでしょうか。

そこに、あなたの「しくじり」の歴史が刻《きざ》まれているのではないでしょうか。

私たちは、そのしくじりの歴史から、本当に大切なことを学ぶことができるのです。

しくじらない人はいません。あなたにとって、大切なことは、そのしくじりのパターンを理解し、それを繰《く》り返さないことです。

では、ウイズダムシートのパート3のワークに取り組んでゆきましょう（実際には、本章を最後まで読み終えてから、再《ふたた》びここに戻《もど》って取り組まれることをお勧《すす》めします）。

□パート3・ワーク

明らかになった出発地・カオスから目的地・青写真への道をあなたが歩む上で障害《しょうがい》になるのが、暗転の受発色です。あなたの歩みに歪《ゆが》みを与《あた》えそうな受発色は、どのようなものでしょうか。

あなたの人生における「しくじり」の歴史を思い出しながら、考えてみましょう。

実際にあなたを動かし、しくじらせてしまうつぶやき、想い方・考え方、行動のくせにはどんなものがあるでしょうか。第4章の２０９〜２１２ページを参考にして意識化してみましょう。

あなたは、その受発色をそのままにして、目的地・青写真の成就《じょうじゅ》に至《いた》ることができると思いますか。それとも、「これでは無理だ、成就できない」と思いますか。

「暗転の受発色を止める」とは、暗転の受発色を知って、「これではむずかしい。止めよう」と発心《ほっしん》することです。実際には、新たな光転の受発色を生み出さない限り、暗転の受発色を止めることはできません。それは、次のパートで挑戦《ちょうせん》します。

「この受発色をストップしたい」と心から思ったら、シートのパート3の枠内《わくない》に、暗転の受発色のタイプ、暗転の現実を導《みちび》いてしまうつぶやきや想い方・考え方、行動のくせを記してみましょう。

ウイズダム・パート4
運ぶ力を創《つく》り出す②——光転の受発色《じゅはっしき》を呼び出す

運ぶ力を創り出す第2の取り組みは、光転の受発色を呼び出すことです。

出発地にある事態《じたい》を目的地へと運ぶために、カオスを光転に結晶化《けっしょうか》させるための原因を私たちの中につくり出すのです。

ここでは、第４章の受発色の化学反応を進化させる智慧《ちえ》に着目《ちゃくもく》していただきたいと思います（２１３〜２２３ページ）。

あなたがゴールデンパスをつくり出すために、最もふさわしい心構えは、どの智慧からもたらされるでしょうか。そして、その智慧を心に呼び出したときに、あなた自身の中に生まれる気持ちを認《したた》めていただきたいのです。

光転の受発色を呼び出すためのもう1つの取り組みとして、拙著《せっちょ》『新・祈りのみち』に向き合うことも有効《ゆうこう》です。

『新・祈りのみち』は、単なる祈りを集めた本ではありません。それを読まれた多くの方が、今まで捉《とら》えようのなかった心の中に実際に入《はい》り込《こ》み、そこにあるエネルギーに手で触《ふ》れることができるようになると実感されています。そして、自分の内界を通じて高次元の意識に導《みちび》かれてゆきます。

『新・祈りのみち』の最初のパート「こころに祈る」には、様々な人間の想いを起点とした祈りが集められています。この中には、歪《ゆが》みを抱《かか》えた想いがタイトルになったものが数多くあり、そこでは、その祈りの項目《こうもく》の本文を読んでゆくだけで、傲《おご》りや怒《いか》り、恐怖心《きょうふしん》、怠惰《たいだ》な心など、暗転の心＝受発色を浄化《じょうか》し、転換《てんかん》する歩みをたどることができます。

祈りとは、自らの中から光転の受発色を取り出すために、天の力を借《か》りることです。祈りによって、私たちに新たな気持ちが訪れるとき、その気持ちは、祈りによって天からもたらされた恩恵《おんけい》としか言いようのないものなのです。

そして、その気持ちで目の前のカオスに関わっていった結果、カオスが目的地で光転の結晶化を果《は》たしてゆく様子を、あなたの心にありありと描《えが》いていただきたいのです。

では、パート4のワークです（実際には、本章を最後まで読み終えてから、再《ふたた》びここに戻《もど》って取り組まれることをお勧《すす》めします）。

□パート4・ワーク

あなたの暗転の受発色は、どのように転換され、受発色の化学反応はどのように進化すべきなのでしょうか。

拙著《せっちょ》『新・祈りのみち』をお持ちの方は、パート3で見出《みいだ》した暗転の受発色に1番ピッタリとくる祈りの項目を探《さが》し、その項目のページをじっくりと読んでください。

次に、第4章の213〜223ページにある転換の取り組み（「受信の力をつける」「自他《じた》を1つに生きる」「挑戦《ちょうせん》を続ける」「支《ささ》える側に立つ」）のいずれかを転換のテーマとして考えてみましょう。

『新・祈りのみち』に取り組み、第4章を参考にしたテーマを設定《せってい》したら、その上でパート3で記した暗転のつぶやきや想い方・考え方のくせ、行動のくせに代わる新たなつぶやき、想い方・考え方、行動を記《しる》してみましょう。

たとえば、「自分が1番わかっている、他人の意見なんか聞いても意味がない」というつぶやきに対しては、「青写真のかけらは誰《だれ》に降《お》りてくるかわからない。だから関わるみんなの声が必要だ」、「これはもう無理、できないに決まっている」というつぶやきに対しては、「事態はカオス。どんなに無理に見えても、そこには可能性、光転の因子が隠《かく》れているはず」というように、新しいつぶやき、想い方・考え方、行動の仕方を考えてみるのです。

それをウイズダムシートの枠内《わくない》に記してゆきます。

ウイズダム・パート5　アクションプログラム

これで、宇宙との響働《きょうどう》を通して、ゴールデンパスを導《みちび》くための準備が整いました。

後は、具体的なアクションプログラム（行動計画）を定めることです。

具体的な計画を実行するには、「誰《だれ》が」「いつ」「どこで」「何を」「なぜ」「どのようにするのか」を明瞭《めいりょう》にする必要があります。その5W1Hが明確でない計画は、具体性に欠け、実施《じっし》の目処《めど》が立っているとは言えません。

ゴールに至《いた》る道すじはどのようなものか。
どのようなスケジュールを立てるか。
どのような人たちを協力者とするか。
準備すべき物は何か。
クリアすべき条件は何か。
資金はどのように調達するのか。……

など、具体的に実行するためのアクションプログラムをつくっていただきたいと思います。

特に見落としてはならないのは、タイムテーブル（予定表）を描《えが》くことです。現実に実行するには絶対に不可欠《ふかけつ》なものだからです。

そして、このアクションプログラムは、机上《きじょう》の計画にしてはなりません。
このステップは、実際に私たち自身の手口足を使って汗《あせ》をかくプロセスです。

それでは、ウイズダムシートの取り組みです（実際には、本章を最後まで読み終えてから、再《ふたた》びここに戻《もど》って取り組まれることをお勧《すす》めします）。

□パート5・ワーク

受発色《じゅはつしき》の転換《てんかん》の段階を経《へ》て、私たちはいよいよ、カオスを目的地に運ぶ、具体的な歩み――パート5のアクションプログラムに取り組むワークに向き合います。

まず、ゴールに至《いた》る道すじはどのようなものか、出発地から目的地へのロードマップを描きます。

今まで見えなかった道が見えてきたでしょうか。多くの場合、出発地から目的地にいきなりジャンプすることはできません。そこまでの道のりをいくつかのステップに分けて考えてみることが必要です。

次に願われるタイムテーブル（予定表）に具体的な期日を入れて、そのステップを明らかにし、そこで果《は》たすべきことを意識化してゆきます。

さらに、準備すべきこと、修正すべきこと、人間関係の改善《かいぜん》など、テーマを意識化します。

ウイズダムの実践は、私たちの内側、受発色の転換とともにあるものです。

実践のステップに向かう心構えを意識化するなど、常《つね》に内外合一《うちそとごういつ》の法則に基《もと》づいて歩みを進めてゆけるように、これらの行動計画をまとめてみましょう。では、パート5の枠内《わくない》に記入してください。

このパートは、特に、本章の後半の実践例《じっせんれい》を参考にして取り組んでみてください。

ウイズダムの生き方を身につけてほしい――ゴールデンパスの探《さが》し方

さあ、いかがだったでしょう。

私は、読者の皆さんお1人お1人に、ここで提案《ていあん》させていただいたウイズダムの生き方を、ぜひ身につけていただきたいと願っています。

その大前提は、「人間は皆、その深奥《しんおう》に大いなる智慧《ちえ》を抱《いだ》く」という人間観、そして「私たちの内側と外側の世界は切り離《はな》されることなくつながっている」という内外合一の世界観を持つこと。そこからウイズダムの生き方が始まります。

①目的地＝青写真を意識化し、

②現状《げんじょう》をカオスとして受けとめ、

③そこにある暗転の流れを生み出す受発色《じゅはっしき》を知って止《とど》め、

④新たな光転の現実の流れを生み出す受発色を呼び出す。
⑤目的地に至《いた》る具体的な行動計画を立てて実行する。

このステップを歩み続けることによって、それまで見えなかった解決の道、創造《そうぞう》の道が見えてきます。そして、本書の中でゴールデンパスと呼んできた、絶体絶命《ぜったいぜつめい》の状況《じょうきょう》でも起死回生《きしかいせい》の唯一《ゆいいつ》の道をつくり出す準備が整うのです。

どうすることもできないような試練、人生をつぶしかねない重荷《おもに》であっても、それを引き受け、その重圧の中から最善《さいぜん》を引き出すことができます。どんな状況にも、必ずゴールデンパスが隠《かく》れているからです。

日《ひ》の出屋製菓《でやせいか》3代目社長として

最終章のウイズダム実践《じっせん》のモデルとしてご登場いただくのは、富山県でおかきなどの製菓会社を経営している川合声一《かわいせいいち》さんです。

川合さんは、日の出屋製菓の3代目。現在は代表取締役会長兼《けん》社長として、経営の責《せき》任《にん》を担《にな》っていらっしゃいます。

日の出屋製菓は、地元富山のお米、富山湾《わん》で獲《と》れるしろえびなどの素材《そざい》を使って、富山ならではのおせんべいなどを製造。その商品は、知る人ぞ知る人気商品となり、観光客の土産物《みやげもの》としても重宝《ちょうほう》されてきました。

川合さんは1999年に社長に就任《しゅうにん》して以来、様々な試練に直面しながらも、それらを乗り越え、順調な業績《ぎょうせき》を残してきました。中でも、富山の味をより多くの消費者《しょうひしゃ》に届《とど》けようと、販売網《はんばいもう》の充実《じゅうじつ》を図《はか》った結果、売上37億円の規模《きぼ》にまで成長させることができました。

オリンピックイヤーの2020年。海外からのインバウンドも期待される中で、川合さんは、羽田空港、横浜駅への出店、東京駅、品川駅での臨時店舗《りんじてんぽ》など、積極的な出店準備を進めてきたのです。

ところが、ご承知《しょうち》の通り、予期せぬ新型コロナ感染症の問題に遭遇《そうぐう》することになりました。

世界中が巻《ま》き込まれた新型コロナウイルス感染拡大によって、当初の予測《よそく》はまったく変わってしまうことになったのです。川合さんの会社も深刻《しんこく》な影響《えいきょう》を受けざるを得ませんでした。

新型コロナという試練

新型コロナウイルスは未知のウイルスのため、当初、その感染に適切な対応を示すことはきわめて困難《こんなん》でした。世界中の国々が専門家の指導に則《のっと》って、試行錯誤《しこうさくご》をしながらその対応を進めることになりました。つまり、それだけ、初期においては混乱の要素が大きかったということでしょう。

実際わが国でも、その影響《えいきょう》は2020年3月から直接《ちょくせつ》的に大きなものとなり、緊急事《きんきゅうじ》態宣言《たいせんげん》が発出《はっしゅつ》された4月までには、想像《そうぞう》を超《こ》えたものになりました。川合《かわい》さんの会社も、すでに3月の時点でその影響は看過《かんか》できないものとなっていたのです。

富山への観光客の足となる航空便《こうくうびん》も北陸新幹線も、考えられないほど乗客数が低下。富山を訪れる観光客は激減《げきげん》。駅ナカ店の売上は95パーセントダウンという状況《じょうきょう》でした。高速道路のサービスエリアも道の駅も、旅館やホテルも、軒並《のきな》み閑散《かんさん》として、日の出《ひので》屋製菓《やせいか》の直営店《ちょくえいてん》にも人が来ない状況が続きました。

毎日のように不安や恐怖《きょうふ》を煽《あお》るテレビ番組によって、ほとんど感染者の出ていない地方にも、感染に対する恐怖心が蔓延《まんえん》することになりました。富山も例外ではなく、街中に不安が広がり、川合さんの会社も雰囲気《ふんいき》が悪化。

お客様が来店しなければ、商品は売れず、在庫《ざいこ》が山積《さんせき》してゆきます。そのため、工場の稼働率《かどうりつ》も半分に低下し、生産休止の状況に陥《おちい》りました。

その結果、3月から6月の4カ月の赤字は3億5000万円。さらに追い打ちをかけるように、来店したお客様の1人が新型コロナウイルスに感染していたことが判明《はんめい》し、川合さんたちは一層《いっそう》の感染対策に追われることになりました。

お店も会社も緊張感《きんちょうかん》が頂点《ちょうてん》に達し、その一方で、さらに売上が下がり、商品の在庫が増加。予定していたすべてのプロジェクトを延期《えんき》しなければならなくなってしまったのです。

膨《ふく》れあがる不安と恐怖《きょうふ》

川合《かわい》さんは、3月の時点で、この不穏《ふおん》な禍々《まがまが》しい気配《けはい》に頭を抱《かか》えました。

これまで感じたことのない不安と恐怖を覚えたのです。

こんなことは初めての経験だ。このままいったら、いったいどうなってしまうのか。文字通り奈落《ならく》の底。しかも、そこから抜《ぬ》け出すことをイメージすることさえできませんでした。

ここから抜け出したいが抜け出せない。避《さ》けたい、逃《に》げたいが、どうしようもない。

川合さんが感じた圧迫《あっぱく》は、自社のことだけではありません。

主たる原材料となるお米を提供《ていきょう》してくれる契約《けいやく》農家の方々のこともあります。

このままの状況では、その契約も続けられないかもしれない。農家の方々との絆《きずな》も自分の代で終わりか……。

そんなことを考えれば考えるほど、責任《せきにん》の重さに押《お》しつぶされそうになり、不安と恐怖が膨《ふく》れあがってしまったのです。

その頃、何か様子がおかしいと感じていた息子さんが、ある日の夕方、川合さんが部屋の中で1人で下を向いてボーッとしていたので、「どうしたの？」と聞くと、「もう、俺《おれ》、ダメかもしれん」とつぶやき、「社長を代わってくれ」と言ったのです。

川合さんはそのとき、本気で柱で首をくくろうかと考えていたと言います。

このままでは、社員や家族だけではなく、農家の人々や地域の人たちまで巻《ま》き込《こ》むことになる。いったいどうすればいいのか……。

何の打開策《だかいさく》も思いつかず、川合さんは、絶望《ぜつぼう》の淵《ふち》に追い込まれてしまいました。

分岐点《ぶんきてん》となったセミナー参加

絶体絶命《ぜったいぜつめい》の状況《じょうきょう》で、不安と恐怖《きょうふ》に苛《さいな》まれる中、川合《かわい》さんが藁《わら》をもつかむ想いで参加したのが、2020年3月下旬に開催された「魂の学」の専門分野のセミナーでした。それは、経営・医療・教育を中心に、法務・福祉・芸術など様々な分野で活動する人々が「魂の学」を研鑽《けんさん》する場です。

このときのセミナーは、インターネット中継《ちゅうけい》（オンライン）と会場参加（オンサイト）を同時に行うハイブリッド方式で実施《じっし》していました。川合さんは東京の会場で参加されました。

先述したように、そこでもっとも大切にされている原則の1つが、私たちの内界《ないかい》（精神世界）と外界《がいかい》（現実世界）は一体であるという内外合一《うちそとごういつ》の法則です。

私は、このときの講義の中で、まさに今回のコロナ禍《か》に直面する状況を「魂の学」によっていかに克服《こくふく》してゆくかということをテーマに掲《かか》げたのです。

コロナ問題は、まだ新型コロナウイルスについてよくわかっていない時点においては、医療の問題である以上に、心＝受発色《じゅはっしき》の問題にほかならない。だからこそ、ウイズダムの精神に則《のっと》った取り組みが有効《ゆうこう》であることを、皆さんにお伝えさせていただきたかったのです。

いかにコロナ禍《か》に向き合うか――ウイズダムに基《もと》づくステップ

私がお話ししたのは、「たとえ今、どのような状況《じょうきょう》があろうとも、必ず最善《さいぜん》の道を見《み》出《いだ》すことはできる」ということです。

多くの人々にとって、コロナ禍は、呼びかけカオスとして立ち現れたものです。その出発地から、いかに光転の現実へと導《みちび》いてゆくのか、そのための具体的な手がかりとして、次の４つのステップを掲《かか》げ、それぞれの状況を打開するための手立てとしていただくことを心から願いました。

(1)カオスの顔をつぶさに観《み》る段階《だんかい》(呼びかけカオスとしてやってきたコロナ禍。新型コロナウイルス感染の性質、現状、そして対応を捉《とら》える)

(2)内外合一《うちそとごういつ》の法則に基《もと》づいて、暗転の流れを生み出す受発色《じゅはつしき》を意識化する段階(呼びかけカオスを前に、私たちの心がどのような気分に満たされ、どのような考えで、この時代に向き合っているのかを点検する)

(3)暗転の流れを生み出す気分や考えを転換《てんかん》するために、心に新たなエネルギーを満

たしてゆく段階（そのための支《ささ》えとなる智慧《ちえ》の言葉を心に定める）

（3）については、少し説明しておきましょう。「魂の学」を学び実践《じっせん》する人々にとって、心を転換する手がかりとなる神理《しんり》の言葉があります。

たとえば、「すべての出来事には意味がある」「幸運は準備された心に訪《おとず》れる」「試練は呼びかけ」「必ず1本の白い道がある（最善の道がある）」「そうだとしてもこうすることもできる」「やるだけやって後は托身《たくしん》」……など、「魂の学」の智慧の言葉の中から1つを選んで、受発色を転換する中心軸《じく》にするということです。

（4）コロナウイルス感染という呼びかけカオスに向き合い、内外合一サイクルを具体的に実践してゆくアクションプログラムの段階（そのためのステップとして、「弱点の克服《こくふく》」「前提《ぜんてい》の点検」「挑戦《ちょうせん》の始動《しどう》」の3つのポイントを自らに投げかけ、それに応《こた》えてゆくことで内外合一のサイクルの青写真を具現《ぐげん》してゆく）

本章で、ウイズダムの考え方をたどってこられた読者は、この講演が、まさにウイズダムそのものの構成になっていることに気づかれたでしょう。

この講演を聞いたとき、川合《かわい》さんは「これだ！」と、大変な衝撃《しょうげき》を受けたと言われています。

ただ恐《おそ》れてばかりいた目の前の現実が、まさにまだ結果も結論も出ていないカオスとして立ち現れ、そこにある問題の構造や急所が、少しずつ見破《みやぶ》られてゆくような感覚が訪《おとず》れたのです。

「これで事態《じたい》を光転させられるかもしれない。ここに示《しめ》された道をたどってゆけば、必ず出口にたどり着ける！」

そう思いました。そして、そこに向かおうと決心したのです。

川合さんにとって、コロナ禍は八方塞《はっぽうふさ》がりで、どうにもならないものでした。けれども、そんな未曾《みぞ》有《う》の試練の中にも、可能性のかけらがあるかもしれない。そう信じることができたのです。

川合さんは、「この取り組みにかけてみよう」と思いました。

それまでの不安と恐怖《きょうふ》に押《お》しつぶされそうになっていた心をとどめ、「必ず1本の白い道がある」という智慧の言葉を、心の支《ささ》えにすることにしたのです。

でも、いかがでしょう。

川合さんのあまりに率直《そっちょく》な想いを、読者は不思議《ふしぎ》に思うかもしれません。

なぜ、そんなふうに思えたのか——。

「魂の学」に対する盤石《ばんじゃく》の信頼――。

もちろん川合さんも、最初からいきなりそう思えたわけではありません。

それは、「魂の学」で、これまでも様々な問題を解決してきた実感があったからです。

その実感が次々と心に蘇《よみがえ》り、勇気が湧《わ》いてきたのです。

そう歩もうとした理由があった――一家を苦しめた確執《かくしつ》

たとえば、十数年前、巨額《きょがく》の建設費で立山《たてやま》の新規《しんき》工場をつくった直後にリーマンショックが起こり、経営上の危機《きき》に見舞《みま》われたとき、事態《じたい》を「カオス発想術《じゅつ》」で受けとめることで、気づかなかった可能性をいくつも引き出し、経営を立て直したことは大きな自信となりました。

そして、それ以上に川合《かわい》さんが「魂の学」に対する確信《かくしん》を決定的に深めた体験がありました。

それは、川合家が長年にわたって抱《かか》えてきた痛みを解決できたことです。

川合家では、先代のときから家族間に確執があり、それが少なからぬ苦しみを生んでいました。それは、父親と叔父《おじ》の間に生まれた葛藤《かっとう》です。川合さん自身、若い頃から、それを見るのが嫌《いや》で仕方がなく、心の重荷《おもに》となっていたのです。

ところが、自分が会社に入ると、今度は父親との間に葛藤が生じてしまいます。

父親が相談役に退《しりぞ》いたごく最近まで、その確執は少しも弱まることなく、お互《たが》いを認《みと》めることはありませんでした。

相談役の父親は決まって、一方的に会長の川合さんに向かって話をガンガンしてきます。すると川合さんは、父親の顔を見ず、目を閉《と》じたままで聞いている――。周囲《しゅうい》から見れば、とても話を聞いているようには見えず、完全にシャットアウトしている感じでした。

会議でも、父親はとにかく相手の意見には反対。傍《はた》からは、言っていることは同じにしか思えないのに、とにかく何もかも表面上は反対――。

そして、驚《おどろ》くべきことは、実はそれと同じことを、川合さんは弟さんとの間で繰《く》り返してしまったことです。

川合さんと弟さんはことごとく対立。まるで水と油。川合さんは弟とのことになると、人が変わったように頭からガンガンと一方的に話し、弟さんは目を閉じてしまい、拒絶《きょぜつ》する。兄弟で協力するということは無理という状態でした。

大本《おおもと》にあった父親と叔父の確執――。そもそもは、父親が商品の製造を担当《たんとう》し、叔父が販売を担当して協力し合い、日《ひ》の出屋製菓《でやせいか》は発展してきたのです。ところが関係悪化が止められず、結局、会社は分裂《ぶんれつ》。社員も2つのグループに分かれて対立。醜《みにく》い争いに周囲からの評判《ひょうばん》も落ち、会社のイメージも悪くなってしまいました。

2人が元通りになることはもう考えられない。川合さんたちはその重荷《おもに》をずっと抱《かか》えてきたのです。

魂として生きよう――「魂の学」の確信《かくしん》

川合家《かわいけ》にとって、また、川合さんにとって、大きな転機となったのは、2013年にGLAで開かれたご供養《くよう》の場での体験でした。川合さんが、今は亡《な》き祖父母《そふぼ》のご供養をされた場に、私も参列させていただきました。

川合さんは、お父様《とうさま》との確執《かくしつ》を抱《かか》えてはいましたが、心の中では、祖父母のことも、またご両親のことも大切に思っていたのです。代々受け継《つ》がれてきた家業を守る想いも強いものがありました。

折に触《ふ》れて祖父母のご供養をされるのも、そうした想いからでした。

そのような川合さんの気持ちを受けとめて、私が川合さんとお話ししようとしたとき、思いがけず、亡きお祖母様《ばあさま》の魂が、川合さんにどうしても伝えなければならないことがあると、切々たるお気持ちを伝えてこられたのです。

そして、私を通じて語り始められました。

――長男（川合さんの父親）が逆子《さかご》で生まれたとき、お産婆《さんば》さんが苦労して引き出してくれた……。お祖父《じい》さんと2人、米粉《こめこ》で真っ白になりながら、懸命《けんめい》に働いた。戦争で川合家は何もなくなってしまったが、息子2人が帰ってきて、貧《まず》しいながらも一緒《いっしょ》に力を合わせて頑張《がんば》れたことは、本当に幸せだった。それなのに、自分もお祖父さんも、長男とその他をよかれと思って差をつけたばっかりに、仲違《なかたが》いを導《みちび》き、会社も分裂《ぶんれつ》させてしまった。――

そのことは悔《く》いても悔やみきれない、大きな後悔《こうかい》を抱《いだ》いていると言われたのです。

――それが当たり前だと思っていた。でも、こっち（あの世）に来たら、長男も次男も末っ子もない……。大事なのは、どれだけ人を思い、皆を支《ささ》えられるか、ほかの苦しみをどれだけ救《すく》えるかだ。天上《てんじょう》の人からそう教わった。そのことがよーくわかった。だからな、声一《せいいち》、弟と仲よく力を合わせてくれ。……なあ、社員も家族で、地域の人々もみんな家族だ。幼い頃、みんな心を合わせたように、そうできる心こそが、宝《たから》だということを忘《わす》れるなよ。お前たちは、仲違いしてしまった2人（父親と叔父《おじ》）のようにはなるな。……店を繁盛《はんじょう》させるのも大変だけれど、分かれてしまったものを1つにすることはもっと大変なことだ。絆《きずな》を守り、故郷《こきょう》を守ってほしい。——

川合さんは、私を通じて語るお祖母様の話を聞きながら、何度も涙《なみだ》を拭《ぬぐ》っていました。亡き祖母の魂の後悔と願いが、川合さんの心深くに染《し》み入りました。

そして、祖母の魂が伝えてくれるかつての人々の様子、界隈《かいわい》の様子——。懐《なつ》かしい1つ1つの情景《じょうけい》のあまりのリアルさ、鮮《あざ》やかさに、川合さんは言葉を失《うしな》いました。「間違《まちが》いなくお祖母さんです……」と、魂の次元に対する確信を深めたのです。

「人間は本当に魂の存在《そんざい》なんだ。だから、魂として恥《は》ずかしくない生き方をしよう」

川合さんはそれから一層《いっそう》、「魂の学」の生き方を大切にするようになり、研鑽《けんさん》と実践《じっせん》に心を尽《つ》くすようになっていったのです。

そこには、亡き祖母との約束に応《こた》えるために、自分がきちんと学び直し、父親との関係を結び直したいという気持ちもあったでしょう。

奇跡《きせき》の和解

やがて川合《かわい》さんは時機を感じ、高齢《こうれい》になった父親にせめて自分が大切にしている「魂の学」に触《ふ》れてほしいと、２０１７年、私の講演会に誘《いざな》いました。

講演終了後、私が会場でお父様《とうさま》にお会いしたとき、思いがけないほどの感動の想いを語ってくださいました。初めてお会いしたとは思えないほど、何の隔《へだ》たりも感じることなく、心通《かよ》い合う出会いとなったのです。

「このようなお話は初めて聞かせていただきました」

お父様は、この出会いを心から歓《よろこ》ばれました。

これまで何から何まで反対してきたお父様だったのに、川合さんも驚《おどろ》きました。

そしてそれがきっかけで、川合さんとお父様には「魂の学」と私の存在という共通点が生まれ、よく話をするようになり、心を通わすようになって関係がまったく変わってしまったのです。

家族が長年にわたって抱《かか》えてきた確執《かくしつ》を癒《い》やす時がきている――。

川合さんはそう思いました。

促《うなが》されるように、川合さんは、東京の叔父《おじ》のところに向かいました。

そこで、自分が痛みとしながら、これまで何もできなかったことを詫《わ》び、和解《わかい》への切実な想いを伝えました。

すると、翌年、今度は叔父が富山に帰り、入院していた父親の許《もと》を訪れてくれたのです。

2人は手に手を取って和解。何十年もの間つくりあげてきてしまったこだわりと確執の障壁《しょうへき》を溶《と》かすことができたのです。

「こんなことはあり得《え》ない」。そこに同席していた、事《こと》の経緯《けいい》を知る専務《せんむ》は、そう言って涙を流されたと言います。

それほど、本当にあり得ない奇跡《きせき》のような現実が起こったのです。

お父様はその半年後、病のために他界――。まるで、その未来を知っていたかのように、川合さんたちは動かされ、お父様の人生の終幕《しゅうまく》前に、痛恨《つうこん》の確執を溶かす和解を果《は》たしたということです。

そしてその後、川合さんは、叔父の会社の経営責任を担《にな》う従兄弟《いとこ》とも出会い、父親同士の和解を歓び合ったのです。

願うことも難《むずか》しかった未来に導《みちび》かれた――。こうして川合さんは「魂の学」を決定的な心の拠《よ》りどころとすることになったのです。

ウイズダム実践《じっせん》①――「魂の学」の経営者セミナー参加まで

それでは、話をコロナ禍《か》に向き合う川合《かわい》さんの歩みに戻《もど》しましょう。

すでに十分に「魂の学」の力を確信されていた川合さんですら、「今度ばかりはもうダメだ」と思わずにはいられないほどの巨大な試練を運んできたコロナ禍――。しかし、セミナーで感じた希望を土台に、川合さんはウイズダム実践を始めてゆきます。

川合さんの取り組みを268～269ページのウイズダムシートに沿《そ》って考えてみましょう。

まずパート1です。

八方塞《はっぽうふさ》がりで何の可能性も見出《みいだ》せなかった事態《じたい》に、「まだ可能性があるかもしれない」と思えたことは、その事態をカオスとして受けとめられたことを意味しています。そして、「カオスが抱《いだ》いている青写真、本来そうなるべき形を実現するために、自分にはできることがある。ぜひ、そのことに挑戦《ちょうせん》したい」と願いを抱いたということでしょう。

それは、コロナ禍によってそれぞれが抱《かか》えた問題を解決し、現状《げんじょう》から最大限《さいだいげん》の可能性を引き出すことです。

どうしたらそれを具現《ぐげん》できるのかということにとどまらず、川合さんにはどうしても守りたいものがありました。家族や社員だけではありません。一緒《いっしょ》に歩んできてくれた農家の皆さんや、祖父と父親が大切にしてきた南砺《なんと》地域の人々です。

川合さんは、この人たちを守るためにも、コロナ禍による問題を解決し、そこにある可能性を引き出したいと願ったのです。

つまり、ウイズダムのパート1は、次のようになります。

パート1

目的地：コロナ禍の問題を解決し、そこに隠《かく》れている可能性を引き出し、新たな現実を創造《そうぞう》する。

日《ひ》の出屋製菓《でやせいか》の経営を安定化させ、何としても家族、社員、農家の皆さんや地域の人々を守る。

次にパート2の出発地についてはどうでしょうか。

コロナ禍によって、川合さんの目の前に立ち現れた事態はどのようなものだったでしょう。パート2は、先に触《ふ》れたように、コロナ禍によって激変《げきへん》した具体的な現実です。

すなわち、次のようになります（ここでは、川合さんが引き続き向き合うことになった3月以降の現実も含《ふく》めました）。

パート2

出発地：コロナ禍の全国的蔓延《まんえん》。2020年3月時点で富山駅ナカ店の売上は95パーセント減。2020年3月から4カ月で3億5000万円の赤字。工場の稼働率《かどうりつ》は半分に低下、生産休止の状況。在庫《ざいこ》が山積《さんせき》。計画していたすべてのプロジェクトが停止。

それではパート3です。

先が見えず、どうなるかわからない状況に、川合さんは強烈《きょうれつ》な不安と恐怖《きょうふ》に呑《の》み込《こ》まれました。そして、その苦《く》・衰退《すいたい》の受発色《じゅはっしき》が、さらに暗転の現実を助長《じょちょう》していたことを川合さんは認識しました。

パート3

運ぶ力①：苦・衰退の受発色――このままいったらどうなってしまうのか。ここから抜《ぬ》け出したいが、抜け出せない。避《さ》けたい、逃《に》げたいが、どうしようもない。農家の方々との絆《きずな》も自分の代で終わりか。もうダメかもしれん。社長を代わってくれ。

その後、経営者のセミナーに参加して、川合さんの気持ちは大きく変わりました。その受発色の転換《てんかん》がパート4です。

セミナーで「これだ！」と実感し、川合さんが改めて「必ず1本の白い道がある」という言葉を心の支《ささ》えに、不安と恐怖の想いを立て直したことは先に触れた通りです。

これをウイズダムシートのパート4に記入してみましょう。

パート4

運ぶ力②：苦・衰退の受発色の転換――必ず1本の白い道がある。まだ可能性があるかもしれない。事態を光転させられるかもしれない。セミナーで示された道をたどってゆけば、必ず出口にたどり着ける！

ウイズダム実践《じっせん》②――アクションプログラム

そして、この決意と確信《かくしん》をもって、いよいよ具体的な行動計画と実行です。アクションプログラムとして、川合《かわい》さんがもっとも熱心に取り組んだのは、セミナーで学んだ「弱点の克服《こくふく》」「前提《ぜんてい》の点検」「挑戦《ちょうせん》の始動《しどう》」という3つのテーマでした。

弱点の克服　当初、川合さんは、「こんなに苦しいときに弱点を見つめることなど、つらくて避《さ》けたい」という気持ちでした。それでも、信じて取り組んでみると、意外にも、販路《はんろ》のバランスが崩《くず》れていることが見えてきたのです。

これまで直接《ちょくせつ》販売するルートを増《ふ》やすため、新しい直営店《ちょくえいてん》を開いてきたものの、近くのスーパーの店舗《てんぽ》には、商品を並《なら》べていなかったことに気づきました。コロナで外出自粛《じしゅく》をするようになった人たちは、専門店《せんもんてん》には出かけず、近くの手ごろな価格《かかく》のお菓子《かし》を売っているスーパーマーケットに集中していたことがわかりました。

前提の点検　次に取り組んだのは、「前提の点検」。これまで、「社長は社員に指示《しじ》を出すこと」が、会社を強く維持《いじ》することと思っていた川合さん。しかし、「上意下達《じょういかたつ》という前提が違《ちが》っていたのでは……」と感じました。思えば会議でも、自分ばかりが発言していたことを振《ふ》り返り、皆の意見を聞いていなかったことに気づいたのです。

「今まで自分ばかりが考えを伝えてきたけれど、これからは皆の意見をもっと聞いてゆきたい。トップダウンの力だけではなく、ボトムアップの力を生かせるような会社にしてゆこう」と思ったのです。

挑戦の始動

「挑戦の始動」では、コロナの影響《えいきょう》で、旅館やホテルなどで売れ残りそうな商品を早めに引き取ることを決意。通常、返品の商品はやむなく廃棄《はいき》するほかありません。けれども早期に引き取った商品ならば、詰《つ》め合わせ方を変えて包装《ほうそう》し直し、特別商品として販売できる。銀行などの取引先などに直接売りに出かけたところ、大変歓《よろこ》ばれ、在庫品《ざいこひん》は瞬《またた》く間《ま》に売れてしまいました。これは、営業の社員の皆さんのアイデアでした。

また、今までのギフト商品に加え、もっと身近で手ごろな「おやつ」を販売することを考えました。せんべい、あられなどを袋につめた、いわゆる袋菓子《ふくろがし》をつくり、価格帯も一段下げると、問屋からスーパー、ドラッグストアなどへの新たな流通ルートが開かれたのです。その商品の売れ行きは好調です。

さらに、デパート市場での新しい展開も見えてきました。ある営業担当が、直接、デパートの菓子売場を訪問したときのこと。新たなセンスを持った地方メーカーを探《さが》していることがわかり、出店依頼《いらい》を受けました。

営業担当だけでなく、商品開発担当も各企業との商談を取りつけ、思いもかけない共同開発への道も開かれてゆくことになったのです。

以上をまとめると、パート5は次のようになるでしょう。

パート5

アクションプログラム：

①弱点の克服　販路のアンバランスを改善《かいぜん》。直営店や直販《ちょくはん》と同様に、消費者《しょうひしゃ》の近くにあるスーパーマーケットへの販路の拡大《かくだい》。

②前提の点検　「社長は社員に指示を出す」という前提の見直し。社員の意見や考えに耳を傾《かたむ》け、トップダウンだけではなくボトムアップの力を生かす。

③挑戦の始動　新たな営業戦略の計画と実行。売れ残りそうな商品を早期に回収《かいしゅう》し、特別商品として取引先に直接販売し、在庫を解消《かいしょう》。ギフト商品に加え、もっと身近で手ごろな「おやつ」を販売。低価格《かかく》の袋菓子で新たな流通ルートを開拓《かいたく》。デパート市場での商品開発を含《ふく》めた新たな展開。

絶望《ぜつぼう》の淵《ふち》からの起死回生《きしかいせい》

このような川合《かわい》さんのウイズダム実践《じっせん》を、私が川合さんに成り代《か》わってウイズダムシートにまとめさせていただいたものが、314〜315ページです。

こうして、川合さんが陣頭指揮《じんとうしき》を執《と》り、すべての社員が全力で事態《じたい》の改善《かいぜん》に取り組んだ結果、まったく希望の見えなかった状況《じょうきょう》は、大きく光転してゆくことになりました。

もちろん、2020年4月の緊急事態宣言《きんきゅうじたいせんげん》終了後、感染者の増加がありながらも、重《じゅう》症者《しょうしゃ》数、死亡者数の状況をにらんで、その後は大きな抑制《よくせい》を避《さ》け、12月半ばまでGo to TravelやGo to Eatを実施《じっし》した政策《せいさく》の後押《あとお》しも助けとなったでしょう。

コロナの影響《えいきょう》を大きく受けた春先は、工場の稼働率《かどうりつ》もおよそ半分まで落ち込み、すでに3月の時点で暗澹《あんたん》たる未来に絶望していた川合さんです。

しかし、ウイズダムの精神に則《のっと》り、様々な対策《たいさく》と新たな取り組みを行った結果、7月から状況が光転し始め、9月以降は工場の稼働率98パーセントと、ほぼ平常時の水準《すいじゅん》まで回復《かいふく》することになりました。

売上も回復し、消費者《しょうひしゃ》に安定的に商品を届《とど》けられるようになったのです。

それは、絶望の淵からの起死回生の転換《てんかん》であり、川合さん自身にとって、まさにゴー

パート1　目的地・青写真を描く

コロナ禍の問題を解決し、そこに隠れている可能性を引き出し、新たな現実を創造する。
日の出屋製菓の経営を安定化させ、何としても
家族、社員、農家の皆さんや地域の人々を守る。

光転の現実

暗転の現実

パート5　アクションプログラム

①弱点の克服
販路のアンバランスを改善。直営店や直販と同様に、消費者の近くにあるスーパーマーケットへの販路の拡大。

②前提の点検
「社長は社員に指示を出す」という前提の見直し。社員の意見や考えに耳を傾け、トップダウンだけではなくボトムアップの力を生かす。

③挑戦の始動
新たな営業戦略の計画と実行。売れ残りそうな商品を早期に回収し、特別商品として取引先に直接販売し、在庫を解消。ギフト商品に加え、もっと身近で手ごろな「おやつ」を販売。低価格の袋菓子で新たな流通ルートを開拓。デパート市場での商品開発を含めた新たな展開。

コロナ禍を克服し、絆を守る ~~の~~ためのウイズダム

パート4　運ぶ力を創り出す②——
光転の受発色を呼び出す

苦・衰退の受発色の転換——

必ず1本の白い道がある。
まだ可能性があるかもしれない。
事態を光転させられるかもしれない
セミナーで示された道をたどってゆけば、必ず出口にたどり着ける！

パート2　出発地・カオスと向き合う

コロナ禍の全国的蔓延。2020年3月時点で富山駅ナカ店の売上は95パーセント減。
2020年3月から4カ月で3億5000万円の赤字。工場の稼働率は半分に低下、生産休止の状況。在庫が山積。計画していたすべてのプロジェクトが停止。

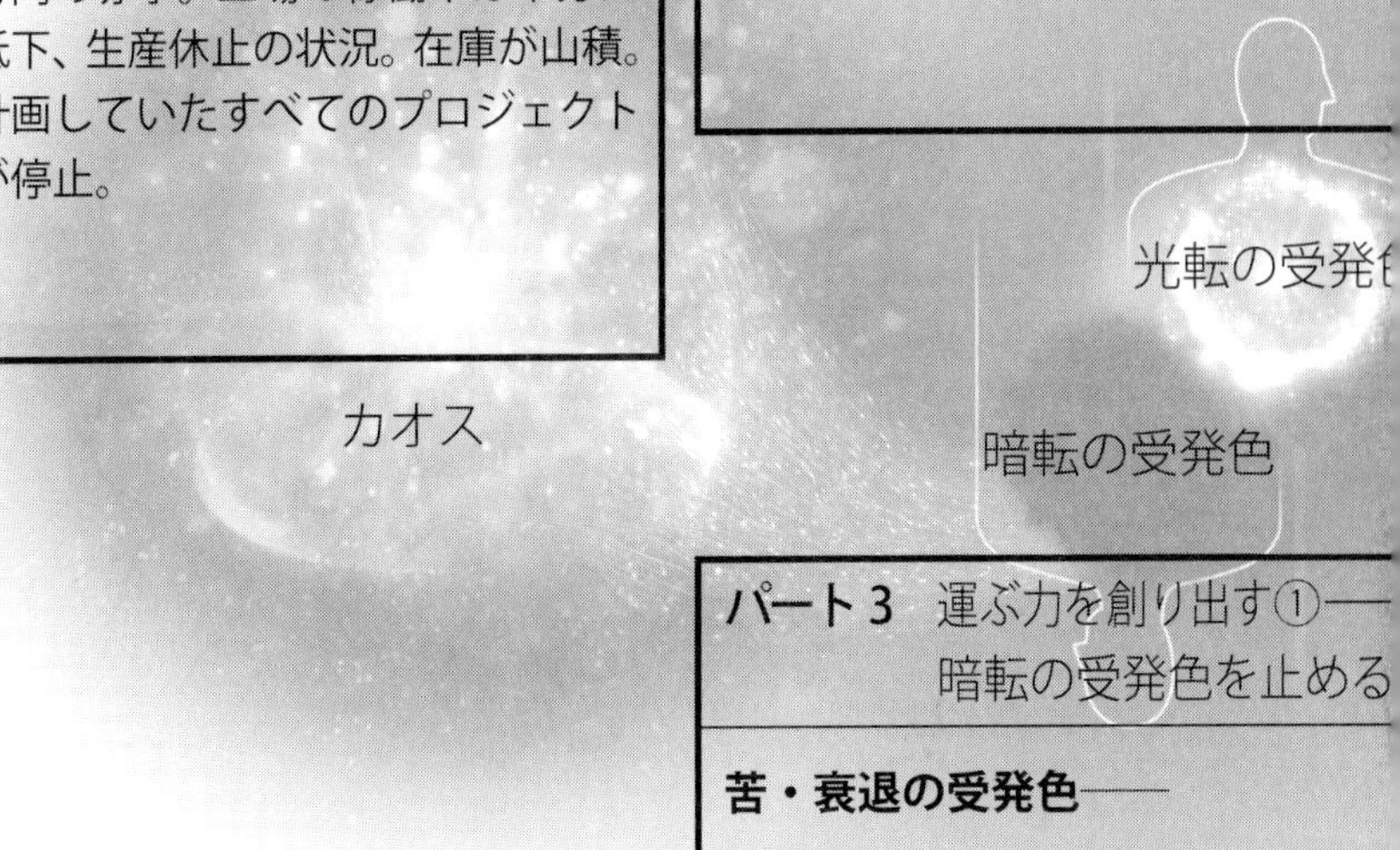

パート3　運ぶ力を創り出す①——
暗転の受発色を止める

苦・衰退の受発色——

このままいったらどうなってしまうのか。ここから抜け出したいが、抜け出せない。
避けたい、逃げたいが、どうしようもない。農家の方々との絆も自分の代で終わりか。
もうダメかもしれん。
社長を代わってくれ。

ルデンパス以外の何ものでもありません。

日《ひ》の出屋製菓《でやせいか》の青写真に向かって

けれども、川合《かわい》さんにとって、今回の実践《じっせん》がゴールデンパスであったという証《あかし》は、業《ぎょう》績《せき》の回復《かいふく》だけではないのです。

まず、経営陣が心を1つにして動けるようになりました。かつて確執《かくしつ》の舞台《ぶたい》となっていた経営の場はまったく様変《さまが》わりし、川合さんを中心に、皆が信頼厚《しんらいあつ》くまとまり、一体となって様々なテーマに取り組むことができるようになりました。

そして、何にも増《ま》して強調させていただきたいのは、すでに見てきたように、今回のコロナ禍《か》という試練を通じて、川合さんの会社で働く社員の皆さんが主体性をもって、一層《いっそう》、心を1つに協力しているという現実です。

そのことを支《ささ》えるために、川合さんは今まで以上に社員1人ひとりの声に耳を傾《かたむ》け、実によくコミュニケーションをされています。

ある直営店《ちょくえいてん》の店長さんは、川合さんについてこう語っています。

「何かあったらすぐに、いろいろとアドバイスをくれるので、本当にうれしいです。

日の出屋製菓の店舗を訪れ、川合さんと語り合う著者（右）。1つ1つのユニークな商品が生まれた背景、そして会社を興した祖父母の想いや様々な体験、2代目の亡き父親が今、川合さんに伝えたい想い、さらに会社の未来のヴィジョンに至るまで、対話は深まっていった。

川合さんは、社員がいつまでも輝いて仕事ができることを願って、野菜を育てる農場までつくった。退職後もその畑でせんべいの原料になる生姜を収穫しているOB社員と談笑する川合さん(右)。

会長からそういうふうに直々《じきじき》にアドバイスをもらえるって、他の会社では——これまで私もいろいろな会社に勤《つと》めたことがあるけれど、トップの方からお話しいただけることはありませんでした」

また、こう語る関係者もいます。

「会社のこともそうですが、地域のことや農家の方たちに対する申《もう》し訳《わけ》ない想いを非常に強く持たれている。ご自身よりも、周《まわ》りを大切にする考え方が強い方ではないかと思うんです」

周囲《しゅうい》を思いやり、心を配って会社全体が1つになる——。

そういう現実を先頭に立って導《みちび》こうとしてきたのが川合さんです。

地元産の材料を大切に使って日の出屋製菓ならではのお菓子《かし》をつくり、それをできるかぎり多くの消費者《しょうひしゃ》に届《とど》ける。その営《いとな》みを通じて、家族、社員、取引先、そして南砺《なんと》地域の人々を守って、希望ある未来をつくってゆく——。

それは、亡《な》き祖母《そぼ》の魂が伝えてきてくれた願いであり、何よりも、川合さん自身が心に描《えが》いてきた日の出屋製菓の青写真そのものです。

川合さんの歩みはこれからも続いてゆきます。

その道すじが、未来から見たとき、それ以外には考えられないゴールデンパスとなることを願ってやみません。

参考文献

『生きるとは、自分の物語をつくること』（小川洋子・河合隼雄著、新潮社）
『カラー版　小惑星探査機はやぶさ――「玉手箱」は開かれた』（川口淳一郎著、中央公論新社）
『ＷＨＯをゆく――感染症との闘いを超えて』（尾身茂著、医学書院）
『テスラ自伝――わが発明と生涯』（ニコラ・テスラ著、新戸雅章監訳、テスラ研究所）
『評伝ユング――その生涯と業績』（バーバラ・ハナー著、後藤佳珠・鳥山平三訳、人文書院）
『風景との対話』（東山魁夷著、新潮社）
『プラトン全集』（田中美知太郎・藤沢令夫編集、岩波書店）
『夢十夜』（夏目漱石著、岩波書店）

◎本書の内容をさらに深く知りたい方へ

本書の内容をさらに深く知りたいと思われる方には、高橋佳子氏が提唱する「魂の学」を学び実践する場、GLAがあります。
詳しくは下記までご連絡ください。

GLA
〒111-0034 東京都台東区雷門2-18-3　Tel.03-3843-7001
https://www.gla.or.jp/

また、高橋佳子氏の講演会が、毎年、開催されています。
詳しい開催概要等については、以下までお問い合わせください。

高橋佳子講演会実行委員会
お問い合わせ専用ダイヤル Tel.03-5828-1587
https://www.keikotakahashi-lecture.jp/

著者プロフィール

高橋佳子 (たかはし けいこ)

現代社会が抱える様々な課題の根本に、人間が永遠の生命としての「魂の原点」を見失った存在の空洞化があると説き、その原点回復を導く新たな人間観・世界観を「魂の学」として集成。誰もが、日々の生活の中でその道を歩めるように、実践の原則と手法を体系化している。

現在、「魂の学」の実践団体GLAを主宰し、講義や個人指導は年間300回以上に及ぶ。あらゆる世代・職業の人々の人生に寄り添い、導くとともに、日本と世界の未来を見すえて、経営・医療・教育・法務・芸術など、様々な分野の専門家への指導にもあたる。魂の次元から現実の問題を捉える卓越した対話指導は、まさに「人生と仕事の総合コンサルタント」として、各方面から絶大な信頼が寄せられている。

1992年から一般に向けて各地で開催する講演会には、これまでに延べ150万人の人々が参加。主著に、『自分を知る力』『最高の人生のつくり方』『あなたがそこで生きる理由』『運命の逆転』『未来は変えられる!』『1億総自己ベストの時代』『希望の王国』『魂の発見』『新・祈りのみち』『あなたが生まれてきた理由』(以上、三宝出版)ほか多数。

ゴールデンパス——絶体絶命の中に開かれる奇跡の道

2021年2月1日　初版第1刷発行

著　者　高橋佳子
発行者　仲澤　敏
発行所　三宝出版株式会社
〒111-0034　東京都台東区雷門2-3-10
電話　03-5828-0600　https://www.sampoh.co.jp/
印刷所　株式会社アクティブ
装　幀　株式会社ブッチ

ISBN978-4-87928-132-6